데이터 과학을 위한 R 프로그래밍

기초 및 응용

석경하 지음

자유아카데미

머리말

R은 빅데이터와 데이터사이언스 도구로 각광을 받으면서 통계학, 빅데이터, 데이터사이언스, 기계학습에 필수 불가결한 도구가 되었다. 이런 흐름에 발맞추어 다양한 과정에서 R 프로그래밍에 대해 학습할 기회도 늘어나고 있다.

여러 수업에서 R 프로그래밍에 대해 강의하면서, "R의 벡터는 수학의 벡터와 같은가?", "행렬의 한 열은 벡터인가?", "반복문보다 벡터화 연산이 더 좋은가?", "사용자 정의 함수와 내장함수 중 우선인 것은?" 등 다양한 의문이 생겼고, 이를 해결하는 과정에서 좀 더 깊이 있는 참고서의 필요성을 느꼈다.

번역서를 포함한 무수히 많은 R 관련 책이 이미 출간되어 있어, R을 익히는 데는 기존의 도서들로도 충분할 것이다. 그렇지만 심화 내용을 다룬 책은 초보자가 읽기 어렵고, 기초를 다룬 책은 내용의 깊이가 얕아 R에 관심 있는 사람에게는 적절하지 않다. 필요한 내용만 가볍게 공부하면 시간을 절약할 수 있을 것 같지만, 언젠가는 그 대가를 치러야 하는 것을 우리는 자주 경험하게 된다. 따라서 공부는 시작부터 어느 정도 깊이 있게 하는 것이 좋다. 이 책은 그러한 필요에 부응하여 기초부터 자세히 설명하면서 필요한 부분은 심화 내용을 담아내려고 노력하였다.

긴 시간을 두고 준비하였지만, 처음 생각과는 달리 아직 많이 부족한 것은 사실이다. 많은 양해를 구한다. 추후 나올 수 있는 수정 사항 등은 자유아카데미 홈페이지(www.freeaca.com) 자료실을 통해 제공할 예정이니 참고하기 바란다.

원고를 다듬고 정리하면서 책이 출간되도록 도움을 주신 많은 분께 감사를 표합니다. 오랫동안 격려와 조언을 아끼지 않은 인제대학교 통계학과 교수님들, 심주용 교수님 그리고 단국대학교 황창하 교수님께 감사의 뜻을 전합니다. 그리고 항상 지원과 사랑을 아끼지 않은 가족에게 감사드립니다.

2024년 8월
석경하

차례

제 1 장

R 기초

1. 연산자
2. 할당과 출력
3. 작업공간과 패키지
4. 예약어와 내장함수
5. 데이터 파일 읽기와 저장
6. 객체 종류와 구조

R 작업은 콘솔(console)창 혹은 편집(script)창에서 실행할 수 있다. 콘솔창에는 프롬프트(prompt) ">"가 입력을 기다리고 있는데 여기에 수식이나 명령어(command), 함수(function) 혹은 코드(code)를 입력하고 엔터(Enter)키를 누르면 결과를 보여준다. 편집 창에서는 Ctrl+엔터키 혹은 Ctrl+R로 결과를 볼 수 있다. 여기에서 말하는 결과라는 것은 할당 혹은 계산 값의 출력 두 가지를 의미한다. 즉, R에서 하는 일은 할당과 출력 중 하나다. 할당에서 괄호를 사용하여 출력도 같이 할 수 있다.

R 콘솔창에서 다음과 같이 계산(연산)할 수 있다.

```
> 1+2
## [1] 3
```

교재에서 실행 결과의 출력은 "##"로 시작한다. 그리고 ## 다음의 [1]은 결과의 첫째 값을 말한다. 출력이 여러 줄에 걸쳐 나오는 여러 개 값일 수도 있는데 각 줄의 시작이 몇 번째 값인지를 알려주는 값으로 시작한다.

1부터 100까지의 정수를 출력하는 코드를 입력하면 다음과 같은 결과를 얻는다.

```
> 1:100
##   [1]   1   2   3   4   5   6   7   8   9  10  11  12  13  14  15  16  17
##  [18]  18  19  20  21  22  23  24  25  26  27  28  29  30  31  32  33  34
##  [35]  35  36  37  38  39  40  41  42  43  44  45  46  47  48  49  50  51
##  [52]  52  53  54  55  56  57  58  59  60  61  62  63  64  65  66  67  68
##  [69]  69  70  71  72  73  74  75  76  77  78  79  80  81  82  83  84  85
##  [86]  86  87  88  89  90  91  92  93  94  95  96  97  98  99 100
```

다음의 코드는 할당이다. 할당은 결과를 따로 출력하지 않는다.

```
> x <- 1
```

다음과 같이 괄호를 사용하여 할당과 출력을 같이 처리할 수 있다.

```
> (x <- 1)
## [1] 1
```

R 문법에 어긋난 명령을 입력하면 에러 메시지가 출력된다.

```
> x + <- 2
## Error: <text>:1:5: 예상하지 못한 할당(assignment)입니다.
## 1: x + <-
##         ^
```

1 연산자

1) 연산

R은 표 1.1과 같이 다양한 연산자(operator)를 가지고 있는데, 사용자가 "%...%"를 이용해서 연산자를 정의할 수 있다.

"2==2" 혹은 "x>2"와 같이 비교 연산자를 사용한 식을 비교식, "2==2 & x>2"와 같이 두 개 이상의 비교식을 논리 연산자로 결합한 식을 논리식이라 부르겠다. 비교식과 논리식의 연산 결과는 TRUE 혹은 FALSE인 논리값이다. R에서 "#" 이후 입력되는 것은 주석(comment)으로 처리된다. 주석은 실행(run)에 영향을 주지 않는 것으로 코드를 설명하는 데 사용된다.

```
> 5 %/% 3 # 정수 나누기 (주석)
```

표 1.1 연산자

구분	연산자
산술 연산자	+, −, *, /, %/%, %%, ^, ** 등
비교 연산자	==, !=, <=, >= 등
논리 연산자	&, &&, |, ||, ! 등

R을 계산기로 사용할 수 있다. 원하는 식을 입력하고 엔터키를 치면 그 결과를 볼 수 있다.

```
> 4*3
## [1] 12
```

완전하지 않은 식을 입력하고 엔터키를 치면, R은 식의 입력이 끝나지 않음을 인식하고 "+" 프롬프트를 보여주며 추가 입력을 기다린다. 이런 경우에는 나머지 식을 입력하여 식을 완성하고 엔터키를 치면 결과를 볼 수 있다. 혹은 Escape 키로 "+"에서 빠져나가면 식의 입력을 그 상태로 마칠 수 있다.

```
> 4*
+3
## [1] 12
```

연산자 사이의 빈칸은 무시되어 원하는 결과를 얻을 수 있지만 이렇게 사용하는 것이 좋은 방법은 아니다.

```
> 5 -     3  # 5-3
## [1] 2
> 4    **2       # 4**2
## [1] 16
> 4^    2        # 4^2
## [1] 16
```

그러나 연산자를 분리해서 빈칸을 만들면 다른 연산자로 인식하거나, 다른 피연산자로 인식하여 에러가 발생할 수 있다. 아래의 식은 (4×)(×2)로 인식한다. 수식으로 성립되지 않는 식이므로 에러가 발생한다.

```
> 4* *2
## 에러: 예기치 않은 '*'입니다 in "4* *"
```

세미콜론(";")은 명령의 마지막을 의미하기 때문에 여러 개의 명령을 한 줄에서 실행할 수 있다.

```
> 3+4; 5*9; 5-5
## [1] 7
## [1] 45
## [1] 0
```

2) 연산 순위

다양한 연산자들이 조합될 때 계산의 우선순위는 표 1.2와 같다. 여기에 대한 도움말은 "?Syntax"에서 알 수 있다. 참고로 "?"는 도움말이 필요할 때 사용하는데, help와 같은 기능을 가진다.

표 1.2 연산순서(위에서 아래로)

연산자	뜻
:: :::	이름 공간(name space)에 있는 변수에 접근
$, @	요소 뽑아내기, 슬롯 뽑아내기
[, [[	인덱스
^	거듭제곱
−, +	단항 마이너스와 플러스 부호
:	수열 생성
%any%	특수연산자
*, /	곱하기, 나누기
+, −	더하기, 빼기
<, >, <=, >=, ==, !=	비교
!	논리 부정
&, &&	그리고
|, ||	혹은
~	식(formula)
−>, −>>	대입(왼쪽을 오른쪽으로)
<−, <<−	대입(오른쪽을 왼쪽으로)
=	대입(오른쪽을 왼쪽으로)
?	도움말

```
> ?Syntax # help(Syntax)와 같음
```

연산순서에 따라 기대하지 않은 결과가 나올 수 있으므로 순서에 주의해야 한다. 예를 들어 -10의 제곱은 100이지만, 다음 예에서는 "-"보다 "^"이 먼저 수행되기 때문에 "-100"이 결과로 나온다.

```
> -10^2
## [1] -100
```

"-"보다 "^"이 먼저 수행되는 문제를 괄호를 통해서 해결할 수 있다.

```
> (-10)^2
## [1] 100
```

2 할당과 출력

무게가 22.93809 g인 금목걸이를 가지고 있다. 금 한 돈이 3.75 g일 때, 금목걸이는 몇 돈인가? 요즘 금 1 g의 가격은 10만 2,105원이다. 이 금목걸이의 가격은 얼마인가? 세 명에게 금을 균등하게 나누어 주려면 몇 g씩 나누면 되는가? 무게가 6.303 g인 금반지를 목걸이와 합치면 무게가 얼마인가?

이 내용을 R로 계산하면 다음과 같다.

```
> 22.93809/3.75
## [1] 6.116824

> 22.93809 * 102105
## [1] 2342094

> 22.93809/3
## [1] 7.64603
```

```
> 22.93809 + 6.303
## [1] 29.24109
```

이렇게 하면 원하는 결과를 얻을 수 있다. 여러분은 쉽게 얻었는가? 22.93809를 반복적으로 입력하는 데 불편함은 없었는가? 다음과 같이 22.93809를 어디(객체, object, 변수)에 저장해 놓고 필요할 때마다 불러서 사용하면 더 편리할 것 같다.

```
> a=22.93809
> a*67047
## [1] 2342094

> a/3
## [1] 7.64603

> a+6.303
## [1] 29.24109
```

주사위를 100번 던지면서 다음과 같이 결과를 기록하였다.

5, 5, 2, 1, 4, 4, 1, 6, 6, 3, 2, 5, 4, 2, 6, 5, 5, 2, 1, …, 4

1~6 중에서 가장 자주 나온 수는? 1은 몇 번 나왔는가? 5가 2번 이상 연속으로 나온 횟수는? 이를 구하기 위해서는 표를 만들어 헤아리는 작업을 해야 한다. 그렇지만 주사위 던진 결과를 변수(variable)에 저장하고 그 변수를 이용하면 쉽게 작업 할 수 있다. 변수는 하나의 객체다.

객체를 비롯한 R에서 사용하는 용어에 대해 간략히 정리하면 다음과 같다.

- R에 존재하는 모든 것을 객체(object)라고 한다(1.5절 참조).
- 객체는 이름이 있어야 하고 저장하는 내용과 형태에 따라 벡터, 행렬, 데이터프레임, 배열, 리스트 그리고 함수 등이 있다.
- 특히 벡터 형태의 객체를 변수로 부르기도 하는데, 대개 소문자로 표기한다.
- 함수란 특정한 목적을 위해 명령어들을 모아서 만든 프로그램이다.
- 함수 이름 다음에는 항상 괄호()가 붙고, 괄호 안에는 함수 계산을 위한 인자(argument)

가 들어간다.

- 함수를 사용하기 위해서는 정해진 형식의 인자를 괄호 안에 입력한다.
- 이 책에서는 함수 이름을 나타낼 때 괄호를 붙여서 다른 종류의 객체와 구분한다.

뒤에서 자세히 다루겠지만, 함수를 사용하기 위해 입력되는 값을 인자(인수)라고 하며 다음과 같이 사용한다.

- 예를 들어 seq() 함수는 seq(from, to, by, length, along) 형식인데 이를 사용하기 위해서 seq(2, 6, 3)을 쓰면 인자가 순서대로 seq(from=2, to=6, by=3)로 사용된다. 그리고 length와 along은 자동으로 결정되므로 쓰지 않아도 된다.
- 입력 값을 순서대로 쓰지 않으려면 seq(to=6, from=2, by=3)과 같이 인자 이름을 같이 써야 한다.
- 인자에 적합한 형식의 값을 주어야 한다. seq("a", "v")와 같이 숫자를 요구하는 인자에 문자를 사용하면 오류가 발생한다. 또한 seq(c(2, 3), 4)와 같이 숫자 값(길이가 1인 숫자 벡터) 형식을 요구하는 인자에 길이가 2인 벡터를 사용하면 오류가 발생한다.
- seq(1, 5)로 입력하면, 등차(by)의 결정은 함수가 기본으로 가지는 by=1 값을 사용한다. 이를 기본값(default)이라 하는데 기본값이 없는 인자도 있다.

1) 할당

할당(allocation, 대입)은 객체에 값을 저장하는 것이다. R에서 대표적인 할당 연산자는 "<-"과 "=" 두 가지가 있는데, 이 연산자들은 오른쪽 값을 왼쪽에 할당한다. 그리고 "<-"이 "=" 보다 우선 실행된다.

다음은 y라는 이름을 가진 객체에 3의 값을 할당한다. 그리고 객체 y에 있는 값을 확인하기 위해 객체 이름을 쓰고 엔터키를 누른다.

```
> y <- 3
> y
## [1] 3
```

y라는 이름을 가진 기존 객체에 6의 값을 할당한다. 기존의 객체에 할당되면 덮어쓴다.

```
> y <- 6
```

그리고 객체 x에 y가 가진 값을 할당한다.

```
> x <- y
> x
## [1] 6
```

"="와 "<-"는 같은 역할을 하는 할당 연산자다.

```
> y = 3
> y
## [1] 3

> y = 6
> x = y
> x
## [1] 6
```

ls() 함수로 현재 사용되고 있는 객체를 확인할 수 있고, rm() 함수로 객체를 삭제할 수 있다.

```
> ls()
## [1] "a" "x" "y "

> rm(x)
> rm(y)
>ls()
## [1] "a"
```

할당 연산자 "="와 "<-" 중 어느 것을 사용하는 것이 더 좋을까? 이를 알아보기 위해 다음을 살펴보자. 객체 x에 25를 입력하고 y에 x의 값을 입력하는 코드를 다음과 같이

작성하면서 "<-"와 "=" 두 개의 할당 연산자를 혼용해 보았다. 이 코드는 정상적으로 동작하지 않는다.

```
> rm(x, y)
## Warning in rm(x, y): 객체 'x'를 찾을 수 없습니다
## Warning in rm(x, y): 객체 'y'를 찾을 수 없습니다

> y <- x = 25
## Error in y <- x = 25: 객체 'y'를 찾을 수 없습니다
```

"<-"가 "="보다 우선 수행되므로 존재하지 않는 x값을 y에 할당시켜야 하니까 오류가 발생한 것이다.

다음과 같이 각각 나누어 실행할 수 있다.

```
> x <- 25
> y <- x
> y
## [1] 25
```

혹은 괄호를 이용한다.

```
> rm(x, y)
> y <- (x = 25)
> y
## [1] 25
```

연산자의 우선순위를 고려하여 코딩할 수도 있다.

```
> rm(x, y)
> y = x <- 25
> y
## [1] 25
```

한 종류의 할당 연산자만 사용하여 해결할 수 있는데, 대부분의 연산자(+, -, *, / 등)들은 연산순서가 좌측부터지만 할당 연산자는 우측부터 연산된다는 것을 주의해야 한다.

```
> y=x=5
> y
## [1] 5

> y <- x <- 2
> y
## [1] 2
```

다음과 같이 할당 후에 max() 함수를 실행하고 싶을 때 이를 한 번의 명령으로 해결할 수 있을까?

```
> x <- c(1, 2, 3)
> max(x)
## [1] 3
```

다음과 같이 "="를 사용하는 할당과 max() 함수를 동시에 실행하면 어떤 결과일까? x에 할당이 일어나지 않음을 알 수 있다. 여기에서 사용된 x=c(5, 2, 4)는 할당이 아니고 max() 함수의 인자로 사용된 것이다.

```
> rm(x)
> max(x = c(5, 2, 4))
## [1] 5

> x
## 에러: 객체 'x'를 찾을 수 없습니다
```

다음과 같이 "<-"를 사용하면 할당과 max() 함수 실행이 동시에 일어난다. 이러한 이유로 "<-" 를 사용하는 것을 추천한다.

```
> rm(x)
경고메시지(들):
rm(x)에서: 객체 'x'를 찾을 수 없습니다
```

```
> max(x <- c(5, 2, 4))
## [1] 5

> x
## [1] 5 2 4
```

2) print 와 cat을 사용하여 출력하기

print(값, 자리수)

- 출력 함수. 문자를 출력하기 위해서는 ' ' 혹은 " "를 붙여야 함.
- 연산 후 출력 가능.
- 한 번에 한 가지만 출력할 수 있음.
- 주로 하나의 문자열 출력에 사용함.

"1+2"의 결과를 출력하고 싶을 때 print()를 사용하지 않아도 출력된다. 이는 연산에 print() 함수가 보이지 않게 작동하고 있음을 시사한다.

```
> print(1+2)
## [1] 3

> 1+2
## [1] 3
```

다음에는 1과 2를 프린트하고 싶지만, print()의 두 번째 인자 값은 소수점 이하 자리 수(digits)를 나타내는 인자이므로 2는 출력되지 않는다.

```
> print(1, 2)
## [1] 1

> print(1.2345, 2)  # 소수점 이하 2자리(소수점 포함)
## [1] 1.2
```

R에서 문자는 "" 혹은 ''로 나타낸다. 다음과 같이 "a"와 "b"를 프린트하고 싶지만,

두 번째 인자는 소수점 이하 자릿수를 나타내어야 하는데 문자가 입력되면 오류가 발생한다.

```
> print('a', 'b')
## Warning in print.default("a", "b"): 강제형변환에 의해 생성된 NA입니다
## Error in print.default("a", "b"): 'digits' 인자가 잘못되었습니다
```

print() 함수보다 더 넓게 사용되는 cat() 함수가 있다.

cat(x, y, …)

- 벡터 x, y, …를 연결하여 출력함.
- print() 함수와 마찬가지로 값을 출력하는 함수. 여러 개를 출력할 수 있음.
- 연산 후 출력 가능.

1 + 2의 결과를 cat() 함수로 출력할 수 있다. 그리고 1과 3을 다음과 같이 출력할 수 있는데 그 사이에 쉼표 ","가 없다. 이는 문자를 연결한 형식과 같다.

```
> cat(1+2)
## 3

> cat(1, 3)
## 1 3
```

다음과 같이 cat()함수를 사용하여 문자를 출력할 수 있다.

```
> cat('Hello', ',' , 'This is a book')
## Hello , This is a book
```

"\"는 문자열에서 "\"의 다음 문자가 특별한 의미가 있다는 것을 알리는 기능을 한다. 예를 들어 "\n"는 다음 줄(new line)을 의미한다.

```
> cat(100, 'Hello', '\n', 'Very nice')
```

```
## 100 Hello
## Very nice
```

따옴표로 표시되는 문자는 보이는 그대로 출력되고 객체는 저장된 값을 출력한다.

```
> x <- 100; a = 9  # 한 줄에 두 개의 코드 입력은 ";" 사용
> cat('x=', x, '\n', 'a=', a, '&&')
## x=100
## a=9 &&
```

3 작업공간과 패키지

R에서 작업할 때는 작업공간의 현재 위치를 확인하고, 사용자에 맞게 설정하는 것이 필요하다.

1) 작업공간

작업공간(workspace)은 R 작업 과정에서 생성되는 여러 가지 객체의 저장에 관한 것이다. 표 1.3에 여기에 관련된 함수를 나타내었다.

다음 예에서는 현재 작업공간의 위치를 알아보고, 작업공간의 위치를 "C:"로 변경하고, 그리고 다시 원래의 위치로 바꾸었다. 여기에서 주의할 사항은 R에서 폴더와 파일의 위치를 나타내기 위해서 "\" 대신 "/"를 사용한다는 것이다. 그리고 R 작업과 관련된 파일과 폴더 이름에는 한글을 사용하지 않는 것이 좋다.

```
> (x <- getwd()) # 현재의 작업공간 위치 저장
## [1] "C:/Users/admin/Documents"
> setwd("C:/") # 작업공간의 위치를 "C:"로 변경
> getwd() # 작업공간 위치 알아봄
## [1] "C:/"
```

표 1.3 작업공간에 대한 함수

함수	설명
getwd( )	현재 작업 장소
setwd( )	작업장소 지정
ls( )	사용되고 있는 모든 객체
save(x,file=경로)	원하는 객체만 저장
load(file=경로)	저장된 객체를 불러옴
rm(x)	선택한 객체 삭제
rm(list=ls( ))	모든 객체 삭제
savehistory( )	실행기록을 .Rhistory에 저장
savehistory(file=경로)	파일이름 지정

```
> setwd(x) # 작업공간의 위치를 "C:/Users/user/Documents/R"로 변경
> getwd()
## [1] "C:/Users/user/Documents"
```

2) 패키지

특별한 용도로 제작된 함수 꾸러미를 패키지(packages)라고 한다. R 함수, 데이터, 컴파일된 코드 등을 모아놓은 것으로, 2024년 8월 기준 약 21,000여 개의 패키지가 있다. 많은 연구자가 다양한 분야에서 필요에 따라 계속 새로운 패키지를 만들고 있다. 실무에서는 필요에 따라 적절한 패키지를 잘 사용하는 능력이 요구된다. 원하는 패키지를 사용하려면 다음의 과정을 거쳐야 한다.

- install.packages("패키지명"): 컴퓨터에 원하는 패키지 설치
- library(패키지명): 패키지를 현재 R 세션에 불러옴.

현재 컴퓨터에 설치되어 있는 패키지는 함수 search()로 확인할 수 있다.

```
> search()
##  [1] ".GlobalEnv"        "package:knitr"     "package:stats"
##  [4] "package:graphics"  "package:grDevices" "package:utils"
##  [7] "package:datasets"  "package:methods"   "Autoloads"
## [10] "package:base"
```

4 예약어와 내장함수

1) 예약어

R에서 특정한 의미를 가지는 객체 이름을 예약어(reserved words)라고 한다. ?reserved를 통해 R의 예약어를 알 수 있다. 대표적인 예약어에는 다음과 같은 것이 있다.

- 조건문과 반복문 제어 예약어: if, else, repeat, while, function, in, next, break
- 논리 상수: TURE, FALSE, NULL, NA, Inf, NaN

예약어는 사용자가 사용할 수 없다.

```
> for=3
## 에러: 예기치 않은 '='입니다. in "for ="
```

2) 내장함수 소개

함수란 특정 목적을 위해 만든 프로그램을 말한다. R 프로그램 안에 기본적으로 포함되어 있는 함수를 내장함수(built-in function)라고 한다. 내장함수는 수식함수, 문자함수, 통계분포함수, 통계함수, 데이터 생성함수 등이 있으며, 데이터 분석, 통계 계산, 수학적 연산 등을 돕는다.

표 1.4는 많이 사용되는 내장함수와 그 설명이다. 이를 사용한 간략한 예를 다음에서 볼 수 있다.

```
> pi
## [1] 3.141593

> sin(pi)
## [1] 1.224606e-16

> cos(pi/2)
## [1] 6.123032e-17

> exp(1)
## [1] 2.718282

> log10(100)
## [1] 2

> log(exp(1))
## [1] 1

> abs(-2)
## [1] 2

> ceiling(12.34)
## [1] 13

> floor(12.34)
## [1] 12

> round(12.46456)
## [1] 12

> round(12.3456,2)
## [1] 12.35

> choose(5,2)
## [1] 10

> factorial(4)
## [1] 24

> sqrt(4)
## [1] 2

> trunc(5.2)
## [1] 5
```

표 1.4 대표적인 수식함수

함수	설명
pi	파이(3.141592)
sin(x)	사인 함수
cos(x)	코사인 함수
exp(x) log(x)	지수함수 자연 로그
log10(x)	상용 로그
log(x, base=y)	밑이 y인 x의 log
ceiling(x)	x보다 크거나 같은 정수
floor(x)	x보다 작거나 같은 정수
round(값, digits=소수점 자릿수)	x를 소수점 n자리로 반올림
abs(x)	절댓값
choose(n, k)	조합의 수
factorial(n)	순열
sqrt()	제곱근
trunc(x)	x 소수점 이하는 잘라서 버림
mean(x)	평균
sd(x)	표준편차
max(x)	최댓값
min(x)	최솟값

내장 함수는 예약어가 아니기 때문에 사용자가 객체 이름으로 사용할 수 있지만 사용하지 않는 것이 좋다.

```
> mean <- 10
> print(mean)
## [1]  10
```

내장 함수를 복원하려면 변수를 제거해야 한다.

```
> rm(mean)
> print(mean(c(1, 2, 3)))
## [1] 2
```

5 데이터 파일 읽기와 저장

1) 데이터 파일 읽기

텍스트파일(text) 불러오기에서 'header=T'는 원본 데이터에 컬럼 이름이 있을 경우 그것을 사용한다는 것을 알려준다.

```
> txtfile <- read.table("C:/temp/tst.txt", header=T)
> txtfile
##     x y
## 1   1 2
## 2   2 3
## 3   2 4
```

csv 데이터 파일 불러오기에서 sep=","는 구분자가 쉼표임을 나타낸다. csv 파일 불러오기는 read.table과 read.csv 모두 사용할 수 있다.

```
> csvfile <- read.table("C:/temp/tst.csv", header=T, sep=",")
> csvfile
##     x y
## 1   1 2
## 2   2 3
## 3   2 4
```

표 1.5 데이터 파일 불러오기 함수

함수	설명
read.table('파일이름.txt', header=T)	텍스트 데이터 파일 읽기
read.csv('파일이름.csv', header=T)	CSV 데이터 파일 읽기
load('파일이름.R')	R파일 불러오기

R 데이터 파일 불러오기는 load()를 사용한다.

```
> hw2<-read.table("hw.txt", header=T)
> save(hw2, file='hw.RData')
> load('hw.RData')
> hw
##   height weight
## 1    174     63
## 2    168     55
## 3    180     68
## 4    171     61
## 5    165     58
## 6    182     70
## 7    176     72
## 8    170     69
```

2) 데이터 파일 저장

다음은 데이터프레임을 만들어 텍스트파일(.txt)로 저장하는 예이다.

```
> height <- c(174, 168, 180, 171, 165, 182, 176, 170)
> weight <- c(63, 55, 68, 61, 58, 70, 72, 69)
> hw3 <- data.frame(height, weight)
> hw3
##   height weight
## 1    174     63
## 2    168     55
## 3    180     68
## 4    171     61
## 5    165     58
## 6    182     70
## 7    176     72
## 8    170     69
> write.table(hw3, "C:/temp/hw3.txt")
```

표 1.6 데이터 파일 저장 함수

함수	설명
write.table(변수이름, '파일이름.txt')	텍스트파일로 저장
write.csv(변수이름, '파일이름.csv')	CSV 데이터 파일로 저장
save(변수이름,file='파일이름.RData')	R 파일로 저장하기

다음은 이미 만들어진 데이터프레임에 새로운 변수를 추가하여 csv파일과 R 파일로 저장하는 예이다.

```
> age <- c(20, 24, 23, 18, 30, 39, 27, 21);  hw4 <- cbind(age, hw3)
> hw4
##    age height weight
## 1   20    174     63
## 2   24    168     55
## 3   23    180     68
## 4   18    171     61
## 5   30    165     58
## 6   39    182     70
## 7   27    176     72
## 8   21    170     69
> write.csv(hw4, "C:/temp/hw4.txt")
> save(hw4, file="C:/temp/hw4.RData")
```

6 객체 종류와 구조

1) 객체 종류

1.2절에서 잠깐 언급한 바와 같이 R에 존재하는 모든 것은 객체(object)다. 저장되는 내용과 형태에 따라 객체는 다음과 같이 구분한다.

- 벡터(vector, R에서 기본)
- 행렬(matrix)

- 배열(array)
- 데이터프레임(data frame)
- 리스트(list)
- 함수(function), 클로저(closure)

2) 객체 구조

각 객체의 구조는 다음과 같다.

- 벡터: 한 개 이상의 상자를 일렬로 정렬한 일차원 형태이다. 각 상자는 한 개 이하의 데이터를 저장할 수 있다. 저장하는 데이터 유형(data type)은 같아야 하기 때문에 원자벡터(atomic vector)라고도 한다. 데이터 유형은 실수형(double), 정수형(integer), 문자형(character), 논리형(logical), 복소수형(complex), 원시형(raw) 등 6가지다.
- 행렬: 다수의 벡터를 열(column) 혹은 행(row)으로 구성하여 사각형 형태를 만든 것이다. 모든 벡터의 길이는 같아야 하고, 각 벡터가 저장하는 데이터 유형도 같다. 즉, 여러 개의 상자가 사각형 형태를 이룸. 각 상자에는 한 개 이하의 동일 타입 데이터가 저장된다. 주로 숫자가 저장된다.
- 배열: 벡터의 2차원 구성이 행렬이라면, 3차원 이상의 구성을 배열이라고 한다.
- 데이터프레임: 행렬과 유사한 사각형 형태이다. 각 벡터가 저장하는 데이터 유형은 달라도 된다. 엑셀의 스프레드시트와 유사하다.
- 리스트: 한 개 이상의 상자를 일렬로 놓은 형태이기 때문에 벡터와 유사하다. 그러나 각 상자 안에 여러 개의 상자를 저장할 수 있으며, 상자 안에는 서로 다른 데이터 타입을 포함할 수 있다. 즉, 리스트 안에 또 다른 리스트나 다양한 데이터 구조가 중첩될 수 있는 형태이다. R에서 아주 유용하게 사용된다.
- 함수: 하나의 상자 안에 프로그램이 있다.

그림 1.1은 객체의 형태를 보여준다.

숫자와 문자를 제외한 모든 객체는 이름이 있다. 그리고 R에서 다루는 벡터는 수학과 과학의 벡터와는 다른 개념이다. 수학에서의 벡터는 행벡터 혹은 열벡터가 있는데

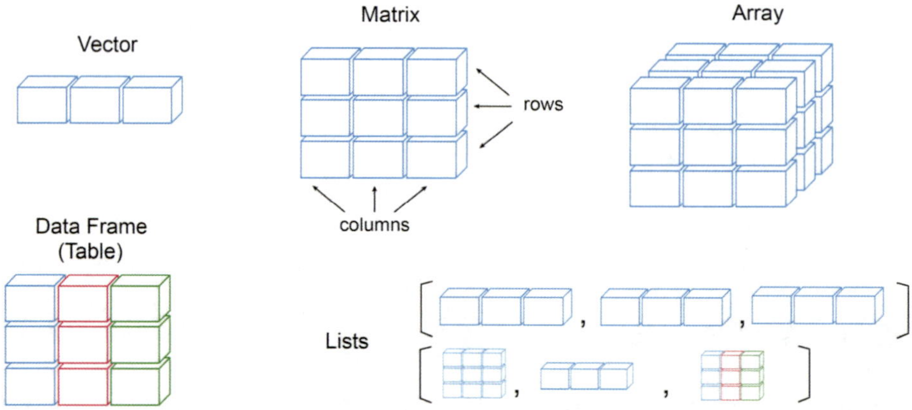

그림 1.1 객체 형태

이것은 행의 수가 1 혹은 열의 수가 1인 행렬이고, 과학에서의 벡터는 방향성이 있다. 그러나 R의 벡터는 단순히 1차원적인 데이터모임이라고 생각하면 된다.

3) 객체 이름

모든 객체는 이름이 있다. 대개의 프로그래밍 언어처럼 객체 이름은 숫자로 시작할 수 없고, "_" 과 "."를 제외한 특수문자(^, &, *, (, !, @, +, -, , 등)를 포함할 수 없다. 첫 글자는 알파벳 또는 "."으로 시작해야 하며 만약 "."으로 시작한다면 뒤에는 숫자가 올 수 없다. 그리고 R은 대문자와 소문자를 구분한다.

연습문제

연산자

1 7-5를 계산하시오.

2 5*200을 계산하시오.

3 cos(pi)을 구하시오.

4 tan(0.5)을 구하시오.

5 8%/%3을 계산하시오. "%/%"는 무슨 연산자인가?

6 7/4의 나머지는?

7 e^5을 구하시오.

8 1+ 2/3을 계산하시오.

9 7의 제곱을 구하시오.

10 15의 제곱근을 구하시오.

11 3*4와 8-1을 동시에 실행하고 값을 구하시오.

할당

12 x <- c(3, 1, 6, 5, 2, 2)의 최댓값을 구하시오.

13 x <- 3; x <- x*2 출력값을 확인하시오.

14 x에 3을 할당하고 y에 7을 할당하여 x와 y를 더하시오.

15 0.7-3의 계산 결과를 변수 z에 할당하시오.

16 15번 문제에서 생성한 변수 z에 대해, z의 정수 부분을 구하는 함수 trunc(z)와 내림값을 계산하는 floor(z)를 실행하고 결과를 적으시오.

17 a <- b <- c <- 15-5일 때 변수a, 변수b, 변수c는 어떤 값인가?

18 x <- 1:3일 때 x는 어떤 값인가?

19 print(2.4562, 2)의 결과는 무엇인가?

20 x <- 5; cat(x, ‘x’)에서 x와 ‘x’의 차이는 무엇인가?

21 ‘\n’의 용도에 대해 쓰시오.

작업공간과 패키지

22 현재 작업장소를 알 수 있는 함수는?

23 작업장소를 “C:\work” 폴더로 변경하려면 어떻게 해야 하는가?

24 dply 패키지를 사용하려면 어떻게 해야 하는가?

25 내장함수란 무엇인가? 내장함수 5개를 쓰시오.

26 .Rhistory 파일에 어떤 내용이 있는지 확인하시오.

예약어

27 floor()와 trunc()의 차이를 예제로 설명하시오.

28 function과 if는 예약어인가?

29 pi는 함수인가? 그 이유를 설명하시오.

30 내장함수 이름은 예약어인가?

31 x <- 4.12; floor(x); ceiling(x); trunc(x)를 확인하시오.

객체 종류와 구조

32 객체(object)란 무엇인가?

33 객체의 가장 기본이 되는 형태는?

34 객체 안의 내용에 따라 객체는 어떻게 구분되는가?

35 벡터, 행렬, 데이터프레임, 리스트를 그림으로 나타내시오.

36 데이터프레임과 리스트의 차이점을 쓰시오.

37 다음의 객체 이름 중 사용할 수 있는 것은?

x, 3y, a&boot, b_tooday, 3*t, today

38 3은 객체인가?

제 2 장

벡터

1. 벡터
2. 벡터 생성
3. 속성
4. 벡터 서브셋팅
5. 벡터 연산
6. 벡터 생성 함수
7. NA와 NULL

1 벡터

통계학에서 변수(variable)는 "조사대상의 특성을 나타내는 값"으로 정의될 수 있다. 예를 들어 조사대상이 사람이라면 키, 성적, 혈액형 등이 변수가 될 수 있다. 그리고 프로그래밍 언어에서 사용되는 변수는 "프로그램이 사용하는 데이터를 일시적으로 저장하는 공간"으로 정의하는데 앞에서 언급한 객체 중 하나다. 이러한 정의만 놓고 본다면 통계학과 프로그래밍에 사용되는 변수는 서로 다른 것으로 인식할 수 있을 것이다. 그런데 5명의 성적을 나타내는 변수는 두 가지 정의 중 어느 것에 해당한다고 할 수 있는가? 이 변수는 프로그래밍에서 사용되면 데이터를 저장하는 변수로 사용되고, 통계학에서 사용되면 특성을 나타내는 변수로 이해될 수도 있다. R에서 일차원 형태를 가진 벡터(vector)는 통계학의 변수와 유사하기 때문에 이 책에서는 벡터와 변수를 혼용해서 사용하기로 한다.

1) 벡터 이름

1.6.3절의 객체이름 규칙을 다시 살펴보자. 다음은 올바른 벡터 이름을 사용한 예다.

```
> x <- 2
> x
## [1] 2

> x_y <- 2
> x_y
## [1] 2

> x.y <- 2
> x.y
## [1] 2

> .x <- 2
> .x
## [1] 2
```

다음은 올바르지 않은 벡터 이름을 사용한 예다. 첫 글자로 숫자를 사용하거나, 문자 사이에 빼기 부호를 사용하거나 "." 뒤에 숫자가 오는 오류를 범하지 않도록 주의해야 한다.

```
> 3x <- 3
> x-y <- 3
> .2x <- 3
```

2) 벡터에 데이터 할당

벡터에 값을 할당할 때는 "<-", 또는 "=" 연산자를 사용한다. "<-"와 "="는 대부분의 경우에 구분 없이 사용할 수 있지만, "="는 명령의 최상위 수준에서만 사용할 수 있는 반면 "<-"는 함수 호출과 동시에 벡터에 값을 할당할 수 있다. 1장에서 다룬 내용이지만, 1, 2, 3, 4를 벡터 x에 할당한 후 이 값들의 합을 구하고 x에 저장된 값을 출력한다.

```
> rm(x, y)
> sum(x <- c(1, 2, 3, 4))
## [1] 10

> x
## [1] 1 2 3 4
```

다음과 같이 "="를 사용하면 sum() 함수의 인자로 y가 사용되는 것이므로 y에 값이 할당되지 않는다.

```
> sum(y=c(1, 2, 3, 4))
## [1] 10

> y
## Error in eval(expr, envir, enclos): 객체 'y'를 찾을 수 없습니다
```

참고로 "="와 "<-"는 연산자다. 그리고 연산자는 함수다. 그러므로 벡터에 값을 입력하고 수정하는 것은 함수를 통해서 일어난다.

```
> "="(x, 3)  # x=3
> x
## [1] 3

> "<-"(y, 1)  # y<-1
> y
## [1] 1

> "+"(2, 5)  # 2+5
## [1] 7

> "*"(2, 4)  # 2*4
## [1] 8
```

2 벡터 생성

1) 스칼라

하나의 구성 요소를 가지는 것도 벡터라고 하므로 R에는 스칼라(scalar)가 없는 것으로 생각하는 것이 좋다. 다음을 살펴보자.

```
> "a"  # 문자도 벡터
## [1] "a"

> 5  # 숫자도 벡터
## [1] 5

> typeof(5)  # 실수
## [1] "double"

> typeof(5L)  # 정수
## [1] "integer"

> typeof("a")  # 문자
## [1] "character"

> x<-3
> mode(x)
```

```
## [1] "numeric"

> typeof(x)
## [1] "double"

> mode(log)  # log() 함수
## [1] "function"

> typeof(log)
## [1] "special"

> mode(max)  # max() 함수
## [1] "function"

> typeof(max)
## [1] "builtin"
```

mode()와 typeof()는 둘 다 R 객체의 유형을 설명하는 함수이지만, 그 역할과 세부 사항에서 차이가 있다. mode()는 Becker, Chambers &Wilks(1988)가 제안한 것으로 R 언어에 더 적합한 것으로 알려져 있는데, 객체의 기본적인 저장 방식과 관련된 속성을 나타낸다. 주요 모드는 numeric(숫자형), character(문자열), logical(논리형), list(리스트), function(함수)가 있다. typeof()는 객체의 내부 저장 방식과 관련된 더 구체적인 정보를 제공하는데 mode()보다 더 세분화된 정보를 제공한다. 주요 유형은 integer(정수형), double(실수형), character(문자형), logical(논리형), list(리스트), closure(사용자 혹은 패키지 제공 함수), builtin(내장함수) S4(S4함수), special(특수함수) 등이 있다. 두 개는 거의 같은 결과를 보이지만 typeof()의 "integer"와 "double"은 mode()의 "numeric"과 같고 typeof()의 "closure", "special", "builtin"은 mode()의 "function"과 같다.

2) 실수형 벡터

먼저 앞에서 배운 벡터의 정의를 다시 살펴보자.

- 벡터란 여러 개의 구성 요소들을 일렬로 모은 집합이다.
- 각 구성 요소는 동일 데이터 유형이다.

표 2.1 벡터 생성과 정보에 관한 함수

명령어	설명
c()	벡터 생성함수
names() <-	벡터 구성 요소에 이름 부여
names()	벡터 이름 반환
str()	객체에 대한 간단한 정보 제공(structure)
length()	벡터의 크기(길이, 구성 요소의 수)
isTRUE()	TRUE입니까?

- 벡터를 생성한다는 것은 일차원의 데이터 저장 공간을 마련하고, 이름을 부여하는 것이다.

표 2.1은 벡터의 생성과 정보를 알 수 있는 함수를 보여준다.

C 언어에서는 변수를 사용하기 위해서 다음과 같이 선언한다.

```
int x ;
double y[4] ;
```

그러나 R은 컴파일이 필요 없는 동적 언어이기 때문에 위와 같은 선언문 없이 변수를 만들 수 있다. R에서 벡터를 만드는 대표적인 함수는 c()다. "c()"는 "concatenate"에서 나온 함수 이름이다.

예를 들어 "나의 키는 173"이라는 데이터를 벡터(변수) x에 저장(할당)하면 다음과 같다.

```
> x <- c(173)    # x <- 173과 같음
> x
## [1] 173
```

R에는 스칼라가 없다. 그러니까 173이라는 하나의 값은 c(173)과 동일하다. 이와 같이 크기(길이)가 1인 벡터는 하나의 값만 가지기 때문에 정수, 실수, 숫자 혹은 문자로 표기해도 혼란스럽지 않다.

5명의 영어 성적 90, 80, 95, 100, 85를 벡터(변수) x에 할당하면 다음과 같다.

```
> x <- c(90, 80, 95, 100, 85)
> x
## [1] 90  80  95 100  85
```

이 코드는 5개의 구성 요소를 저장하는 공간을 만들고 그 이름을 x라 한다. 이는 5개의 숫자 벡터 90, 80, …, 85를 묶어 하나의 벡터로 만드는 것으로 이해할 수 있다. 결과로 만들어진 벡터 x의 구성 요소는 5개의 숫자이고 각 값은 90, 80, 95, 100, 85이다.

주어진 변수가 벡터임을 확인하는 is.vector() 함수가 있고, 변수의 구조(structure)는 str()함수로 간단하게 정보를 알 수 있다.

```
> is.vector(x)
## [1] TRUE

> str(x)
##  num [1:5] 90 80 95 100 85
```

num(numeric)은 실수값(double, real) 벡터를 의미하고, [1:5]는 구성 요소가 5개이고 그 값이 90, …, 85이라는 것이다. 참고로 numeric과 double은 모두 실수를 나타내는 표기이다. 정수로 값을 입력해도 R에서는 실수로 인식한다. 정수의 표기는 다음 절을 참고하라. length() 함수로 벡터의 크기(길이)를 알 수 있다.

```
> length(x)
## [1] 5
```

이 결과에서 x의 길이가 5라는 것을 알 수 있다.

새로운 한 명의 성적 70점을 변수에 추가하여 저장하려면 어떻게 해야 할까? C에서는 선언된 배열의 크기를 초과한 데이터를 저장하려면 변수 선언부터 다시 해야 하지만 R에서 다음과 같이 간단하게 해결할 수 있다.

```
> x <- c(x, 70)  # 새로운 x를 만드는 것과 같다.
> x
```

```
## [1]  90  80  95 100  85  70
```

혹은 다음과 같이 인덱스(index, 구성 요소 위치를 나타내는 정수)를 사용할 수 있다.

```
> x <- c(90, 80, 95, 100, 85)
> x[6] <- 70  # x의 6번째 값을 만듬.
```

다음의 append() 함수를 사용하여 벡터에 값을 추가할 수 있다.

append(x, y, after=a)

- x: 수정하고자 하는 벡터
- y: 추가하려는 벡터
- after: 추가하는 위치

```
> x <- c(90, 80, 95, 100, 85)
> (x <- append(x, 70))  # after가 없으면, 마지막에 추가
## [1]  90  80  95 100  85  70

> (x <- append(x, 50, after=0))  # 처음에 추가
## [1]  50  90  80  95 100  85  70

> (x <- append(x, 100, after=1))  # 두 번째에 추가
## [1]  50 100  90  80  95 100  85  70
```

3) 정수형 벡터

R에서 대부분의 계산은 실수로 하지만 정수가 필요한 경우도 있다. R에서 정수는 '9L'과 같이 숫자에 'L'을 덧붙여서 사용한다. 다음은 변수 x에 3명의 수강과목 수를 입력하는 것이다.

```
> x <- c(5L, 6L, 3L)
> x
```

```
## [1]  5  6  3

> typeof(x)  # 정수임이 확인됨
## [1] "integer"

> str(x)  # 길이가 3인 정수형 벡터
##  int [1:5] 5  6  3
```

4) 문자형 벡터

문자형 벡터는 문자열(string)을 저장하는데, 문자열은 따옴표 " " 혹은 ' '를 사용한다.

```
> y <- c("fruits", "berry")
> y
## [1] "fruits" "berry"

> typeof(y)  # 문자형 벡터
## [1] "character"

> str(y)  # 길이가 2인 문자형 벡터
##  chr [1:2] "fruits" "berry"
```

문자형 벡터의 각 구성 요소는 문자열이다. 문자열을 표시하는 따옴표가 없으면 변수로 인식한다.

```
> y <- c(fruits, "berry")
## Error in eval(expr, envir, enclos): 객체 'fruits'를 찾을 수 없습니다
```

fruits 이름을 가진 변수가 없기 때문에 오류가 발생하였다. 그러므로 변수 fruits와 문자열 "fruits"은 다른 것임에 유의하라.

```
> fruits <- c("apple","melon")
> y <- c(fruits, "berry")
```

```
> y
## [1] "apple"  "melon" "berry"
```

벡터를 구성하는 구성요소에 문자형과 실수형이 같이 있다면(예: x <- c("beef", 2)), 이 벡터는 문자형인가 아니면 실수형인가? 벡터를 구성하는 구성 요소는 모두 같은 타입이어야 하기 때문에 벡터 x를 만들 때 오류가 발생할 것 같지만 그렇지 않다. 여기에는 R에서 작동하는 강제변환(coercion)이라는 것이 있는데, 이는 벡터에 서로 다른 데이터 유형을 가진 구성 요소를 입력하면 강제로 데이터 유형을 변환하는 것을 말한다. 먼저 구성 요소에 문자형이 있으면 모든 구성 요소를 문자형으로 변환한다. 다음에서 확인하자. 강제변환될 때의 우선순위는 문자, 숫자, 논리값이다.

```
> x <- c("beef", 2)
> typeof(x)  # 문자형 벡터
## [1] "character"

> str(x)  # 숫자 2가 문자 '2'로 변환
##  chr [1:2] "beef" "2"
```

가끔씩 x와 "x"의 차이에 대해 혼란스러울 때가 있다. 따옴표로 묶인 문자는 문자 그 자체일 뿐 아무런 의미가 없다. 그러나 x와 같이 따옴표가 없는 문자는 변수 혹은 객체 이름을 의미한다.

```
> mean  # 객체 이름 입력
## function (x, ...)
## UseMethod("mean")
## <bytecode: 0x0000013576c09a10>
## <environment: namespace:base>

> x <- 3
> x  # 객체이름 입력
## [1] 3

> "x"
## [1] "x"
```

객체 이름이 입력되면 객체에 저장된 내용을 보여준다.

5) 논리형 벡터

논리형 벡터는 구성 요소가 논리값인 TRUE 혹은 FALSE를 가진다. 논리값에는 따옴표를 사용하지 않는다.

```
> b <- c(TRUE, FALSE, TRUE)
> typeof(b)  # 논리값 벡터
## [1] "logical"

> str(b)  # 길이가 3인 논리값 벡터
## logi [1:3] TRUE FALSE TRUE
```

TRUE와 FALSE 대신 T와 F를 각각 사용할 수 있다.

```
> b <- c(T, F, T)
> b
## [1]  TRUE FALSE  TRUE
```

다음의 결과를 통해 강제변환이 어떻게 일어나는지 알아보자.

```
> b <- c("boy", TRUE)
> b  # 문자형으로
## [1] "boy"  "TRUE"
> a <- c(3, TRUE)
> a  # 숫자형으로
## [1] 3 1
```

문자형이 가장 우선임을 알 수 있다. 문자형과 같이 입력되는 숫자형과 논리값 데이터는 문자형으로 변환된다. 그리고 숫자형과 같이 입력되는 논리값 데이터는 숫자형으로 변환되는데 TRUE는 1, FALSE는 0으로 변환된다. 형(type) 변환에는 as.character(), as.logical(), as.numeric() 함수도 사용된다.

```
> as.logical(1)  # 숫자 1을 논리값으로
## [1] TRUE

> as.numeric(TRUE) # 논리형을 숫자로
## [1] 1

> as.character(1) # 숫자형을 문자로
## [1] "1"
```

6) 요인형 벡터

혈액형이나 성별과 같은 범주형(categorical) 데이터를 표현하는 벡터를 요인형(factor) 벡터라고 한다. factor() 함수를 통해 요인형 벡터를 만들 수 있다. 5명의 학생의 혈액형을 조사한 문자 데이터를 요인형으로 만들어 보자.

```
> x <- c("O", "A", "B", "O", "A")
> xf <- factor(x)
> xf  # 따옴표 없음
## [1] O A B O A
## Levels: A B O
```

변수에는 A, B, O값만 있고 AB는 아직 없는 것으로 인식한다. 요인형 벡터는 내부적으로 숫자로 저장된다.

```
> attributes(xf)
## $levels
## [1] "A" "B" "O"
## $class
## [1] "factor"

> levels(xf)  # 수준 확인
## [1] "A" "B" "O"

> class(xf)
## [1] "factor"
```

```
> mode(xf)  # 정수로 저장됨
## [1] "numeric"

> typeof(xf)
## [1] "integer"

> unclass(xf)  # 저장된 정수
## [1] 3 1 2 3 1
## attr(,"levels")
## [1] "A" "B" "O"

> xf[6]<-"A"  # 데이터 추가
> xf
## [1] O A B O A A
## Levels: A B O
```

다음과 같이 "AB"가 입력되면 xf의 level에 해당하는 값이 아니므로 잘못 입력한 것으로 간주하여 NA로 처리한다.

```
> xf[7] <- "AB"
## Warning in '[<-.factor'('*tmp*', 7, value = "AB"): invalid factor level, NA
## generated

> xf
## [1] O    A    B    O    A    A    <NA>
## Levels: A B O

> as.character(xf)  # 문자형으로 표시
## [1] "O" "A" "B" "O" "A" "A" NA

> xf <- append(xf, 1) # 새로운 객체, xf 의 저장된 숫자 값 사용
> xf # 정수
## [1]  3  1  2  3  1  1 NA  1

> class(xf)  # 숫자형 벡터
## [1] "numeric"

> attributes(xf)  # 숫자형 벡터는 기본적으로 주어진attribute 없음
## NULL

> xf <- factor(xf)  # 숫자형 벡터를 요인형으로
```

```
> levels(xf)  # 수준은 문자 "1", "2", "3".
## [1] "1" "2" "3"

> xf[8] <- 4
## Warning in '[<-.factor'('*tmp*', 8, value = 4): invalid factor level, NA
## generated

> levels(xf) <- c(levels(xf), "4")  # 수준 추가
> xf[8] <- 4
```

여기에서 알 수 있듯이, 요인형 벡터는 레벨값으로 표시하고, 정수로 저장한다. 다음의 예를 통해 다시 살펴보자.

```
> x=c('a', 'b', 'b')
> x
## [1] "a" "b" "b"

> y=factor(x)
> y
## [1] a b b
## Levels: a b

> x
## [1] "a" "b" "b"

> c(x, y)  # y에 저장된 값은 숫자
## [1] "a" "b" "b" "1" "2" "2"

> c(c(8, 9), y)
## [1] 8 9 1 2 2

> c(c(T, F), y)
## [1] 1 0 1 2 2
```

범주형 자료 중에서 순서의 의미를 가지는 순위형 자료는 다음과 같이 ordered() 함수를 사용하여 만들 수 있다. 순서는 사전 순서를 따른다.

```
> x=c('high', 'low', 'low', 'mid', 'low')
```

```
> x=ordered(x)
> x
## [1] high low low mid low
## Levels: high < low < mid
```

7) 복소수형 벡터

복소수형 벡터는 복소수(complex)를 구성 요소로 가진다. 복소수는 실수+허수 형태를 가지는데, i를 이용해 허수를 만든다.

```
> x <- c(3+8i, 1+2i)
> x
## [1] 3+8i 1+2i

> typeof(x)  # 복소수형 벡터
## [1] "complex"

> str(x)  # 길이가 2인 복소수형 벡터
##  cplx [1:2] 3+8i 1+2i
```

8) 원시형 벡터

각 구성 요소의 바이트 정보(16진수)를 저장하는 벡터를 원시형(raw) 벡터라고 한다. 먼저 크기가 2인 원시형 벡터를 생성하고 각 구성 요소에 원시형 값을 입력하여 그 결과를 보자.

```
> x <- raw(2)
> x  # 저장 공간 확보
## [1] 00 00

> x[1] <- as.raw(19)  # 실수 19는 16진수 13
> x[2] <- charToRaw("A")  # 문자 "A"는 ASCII 65로 된 후 16진수 41로
> x
## [1] 13 41

> as.integer(x)  # 10진수로
## [1] 19 65
```

3 속성

속성(attributes)은 R 객체 정보에 대한 메타데이터(metadata)라고 할 수 있다. 대표적인 속성에는 클래스(class), 차원(dim), 차원이름(dimnames), 이름(names), 행 이름(row.names), 열 이름(col.names) 등이 있는데 이들에 대해 간략히 설명하고 자세한 내용은 필요한 때 다시 다룬다.

참고로 메타데이터의 정의는 "데이터에 대한 데이터"이며 기능적인 면을 강조하였을 때는 "데이터에 대한 구조화된 데이터"로 정의된다. 예를 들어 영화에 대한 제목, 상영시간, 등급, 제작사, 감독, 줄거리 등에 관한 정보를 메타데이터라고 할 수 있다.

- 클래스: 객체의 추상적인 구조 혹은 데이터 유형. class()와 attributes() 함수로 알 수 있음. 모든 객체는 클래스 속성이 있음. 사용자가 지정할 수 있는데, 객체지향 언어의 클래스와 같음.
- 차원: 객체의 차원. dim()과 attributes() 함수로 알 수 있음.
- 차원 이름: 객체의 차원 이름. dimnames()와 attributes() 함수로 알 수 있음.
- 이름: 객체 구성 요소 이름. names()와 attributes() 함수로 알 수 있음.
- 행 이름: 객체의 행 이름. row.names()와 attributes(), attr() 함수로 알 수 있음.

```
> x <- 3
> attributes(x)  # 주어진 속성 없음
## NULL

> class(x)  # 숫자 벡터
## [1] "numeric"

> names(x) <- "1st student"  # 이름 부여
> str(x)  # 이름 있는 숫자, names속성이 있고 그 것은 "1st student"
##  Named num 3
##  - attr(*, "names")= chr "1st student"

> attributes(x)  # 속성 확인
## $names
## [1] "1st student"
```

```
> attr(x, "names")  # names속성
## [1] "1st student"

> mode(x)
## [1] "numeric"

> typeof(x)
## [1] "double"

> x <- c(1, 2, 3)
> names(x)<-"first"  # 구성 요소에 이름 부여
> attributes(x)  # 첫째 구성 요소에만 이름 있음
## $names
## [1] "first" NA      NA

> class(x)  # 숫자 벡터 클래스
## [1] "numeric"

> mode(x)
## [1] "numeric"

> typeof(x)
## [1] "double"

> dim(x) <- c(3, 1)  # dim 속성 부여하여 행렬로 만듦
> x
##      [,1]
## [1,]    1
## [2,]    2
## [3,]    3

> class(x)  # 행렬
## [1] "matrix"

> mode(x)  # 저장되는 구조는 숫자 벡터
## [1] "numeric"

> typeof(x)
## [1] "double"
```

벡터는 생성 시 아무런 속성(attributes)도 가지지 않지만, 데이터프레임은 생성될 때 열 이름, 행 이름, 클래스 속성이 자동으로 부여된다.

```
> x <- c(1, 2, 3)
> y <- c(3, 4, 5)
> x<-data.frame(x,y)
> x
##   x y
## 1 1 3
## 2 2 4
## 3 3 5

> attributes(x)  # 데이터프레임에 자동으로 생성되는 속성,
## $names  # 자동으로 생성되는 열 이름
## [1] "x" "y"
##
## $row.names  # 자동으로 생성되는 행 이름(번호)
## [1] 1 2 3
##
## $class  # 자동으로 생성되는 클래스
## [1] "data.frame"

> names(x)  # 데이터프레임 변수 이름
## [1] "x" "y"

> class(x)
## [1] "data.frame"

> row.names(x) <- c("row1", "row2", "row3")  # 행 이름 변경
> attributes(x)
## $names
## [1] "x" "y"
##
## $row.names
## [1] "row1" "row2" "row3"
##
## $class
## [1] "data.frame"

> mode(x)  # 데이터프레임이 저장되는 구조는 리스트
## [1] "list"

> typeof(x)
## [1] "list"
```

회귀모형 객체는 여러 가지 통계량에 대한 이름과 클래스 속성이 생성되는 것을 알 수 있다. m은 선형회귀 모형의 다양한 결과와 관련된 여러 속성을 가진 리스트 형태의 객체다.

```
> m <- lm(x$y~x$x)  # 선형회귀 모형
> attributes(m)  # 회귀분석의 결과가 저장된 속성
## $names
##  [1] "coefficients"  "residuals"     "effects"       "rank"
##  [5] "fitted.values" "assign"        "qr"            "df.residual"
##  [9] "xlevels"       "call"          "terms"         "model"
##
## $class
## [1] "lm"

> class(m)
## [1] "lm"

> mode(m)  # 저장되는 구조는 list
## [1] "list"

> typeof(m)
## [1] "list"
```

R은 객체지향 언어다. 객체는 어떤 클래스의 인스턴스(하나의 예)로, 속성과 메소드(method)를 가진다. 클래스는 객체를 구분하는 집합으로 이해할 수 있으며, 프로그램을 쉽게 확장하기 위해 만든 개념이다. 그리고 많은 R 함수는 클래스에 따라 다르게 작동한다.

예를 들어, 데이터프레임과 행렬(matrix)은 둘 다 2차원 데이터 구조지만, 각각 다른 클래스다. 따라서 summary() 함수는 데이터프레임과 행렬에 대해 다르게 작동한다. 이러한 특성 덕분에 R에서는 다양한 데이터 유형을 효과적으로 다룰 수 있다.

4 벡터 서브셋팅

벡터에서 구성 요소를 선택하는 방법, 즉 벡터의 일부분을 추출(선택)하는 방법에 대해 알아보자. 벡터의 구성 요소의 위치를 나타내는 것을 인덱스(index)라 한다. 인덱스는 양수, 음수, 빈칸, 논리값, 비교식, 논리식 그리고 이름 벡터를 사용할 수 있다. 벡터의 구성 요소를 선택하는 것을 서브셋팅(subsetting), 인덱싱(indexing), 슬라이싱(slicing), 필터링(filtering)이라 하며, 주로 대괄호 "["를 사용한다.

객체에서 원하는 구성 요소를 추출하는 작업은 객체의 부분집합을 만드는 것이라는 관점으로 서브셋팅(subsetting)이라고 한다(Wickham, 2015). 구성 요소의 위치를 적어준다는 관점에서 인덱싱(indexing)이라고도 하고, 원하는 값만 추출한다는 관점에서는 필터링(filtering)이라는 단어도 적당한데 이 책에서는 서브셋팅을 사용할 것이다. 표 2.2에 벡터 서브셋팅에 대해 간략히 설명하였다.

표 2.2 벡터 서브셋팅

명령어	설명
x[i]	벡터 x의 i번째 구성 요소
x[-i]	벡터 x에서 i번째 구성 요소를 제외한 나머지
x[idx_vector]	벡터 x에서 인덱스 벡터 idx_vector에 지정된 구성 요소
x[start:end]	벡터 x의 start부터 end까지의 구성 요소
x[]	벡터 x의 모든 구성 요소
x[logic_vector]	논리 벡터 logic_vector에서 TRUE 에 해당하는 구성 요소
x[name_vector]	이름이 일치하는 구성 요소

먼저 "["가 구성 요소를 추출하는 함수임을 알아보자.

```
> x <- c(5, 7, 1, 3, 9, 2)
> "["(x, 2) # 벡터 x의 2번째 구성 요소.
## [1] 7
```

벡터 x의 2번째와 5번째 구성 요소를 추출하기 위해 다음과 같은 인덱스를 사용하면 오류가 발생한다.

```
> "["(x, 2, 5)  # 벡터 x의 2번째와 5번째 구성 요소를 선택하고 싶음
## Error in x[2, 5]: incorrect number of dimensions
```

"차원 수가 정확하지 않다"라는 오류 메시지를 보여준다. 함수는 적절한 위치에 적절한 형식의 인자를 사용하여야 한다. "[" 함수에서 첫 번째 인자는 객체(벡터, 행렬 등)이고 두 번째 이후의 인자는 인덱스다. 첫 번째 인자의 형태에 따라 필요한 인자 수가 달라진다. 첫 번째 인자가 벡터면 두 번째 인자는 구성 요소의 위치를 결정하는 인덱스다. 객체가 행렬이면 두 번째와 세 번째 인자는 선택하고자 하는 행과 열의 위치를 나타내는 인덱스다. 그러므로 첫 번째 인자가 벡터이면 "[" 함수에는 인자가 두 개만 있어야 한다. 즉, 첫 번째는 벡터 객체이고, 두 번째 인자는 하나의 값 c(2, 3)을 사용해야 한다.

```
> "["(x,c(2, 5))  # 2, 5번째 값
## [1] 7 9
```

"[" 함수를 사용한 방법은 이해를 돕기 위한 설명일 뿐 거의 사용하지 않고, 다음과 같이 벡터에 대괄호를 쓰는 방법을 주로 사용한다.

```
> x[2]  # 벡터 x의 2번째 구성 요소
## [1] 7

> x[2, 5]  # 벡터의 서브셋팅에는 한 개의 인자만 필요한데 두 개 입력 오류
## Error in x[2, 5]: incorrect number of dimensions

> x[c(2, 5)]  # 벡터 x의 2와 5번째 구성 요소
## [1] 7 9
```

여기에서 사용된 인덱스는 양의 정수다. 양의 정수는 선택하고자 하는 구성 요소의 위치를 나타낸다. 그러면 음의 정수는 어떤 역할을 할까? 이는 선택에서 제외되는 인덱스를 나타낸다. 다음의 예를 보자.

```
> x[-5]  # 벡터 x의 5번째 구성 요소 9를 제외한 나머지
```

```
## [1] 5 7 1 3 2

> x[-c(2, 5)]  # 벡터 x의 2, 5번째 구성 요소 7, 9 를제외한 나머지
## [1] 5 1 3 2

> x[c(-2, -5)] # x[-c(2, 5)]과 같은 결과
## [1] 5 1 3 2
```

x[c(2, -5)]에는 2번째는 선택하고 5번째는 제외한다는 의미다. 그러면 어떤 값이 선택될까? 7을 선택하고 9를 제외하면, 최종적으로 선택되는 값은 7일까, 9를 제외한 5, 7, 1, 3, 2일까? 명확한 답을 줄 수 없으니까 오류가 발생한다. 즉 양수와 음수를 혼용하면 안 된다는 것을 의미한다.

```
> x[c(2, -5)]  # 양수, 음수 혼용 안됨
## Error in x[c(2, -5)]: only 0's may be mixed with negative subscripts
```

빈 대괄호([ ])는 모든 것을 의미한다. 벡터에서는 특별히 사용할 기회가 많이 없지만, 행렬이나 데이터프레임 및 리스트에서 많이 사용한다.

```
> x[]  # 모든 구성 요소 선택
## [1] 5 7 1 3 9 2
```

다음과 같이 논리값으로 구성 요소를 선택할 수 있다.

```
> x<-c(5, 3, 6)
> x[c(TRUE, FALSE, TRUE)]
## [1] 5 6
```

여기에서 알 수 있는 사실은 TRUE에 대응되는 1, 3번째 구성 요소가 선택된다는 것이다. 그리고 인자로 사용된 논리값 벡터의 길이가 벡터 x의 길이와 같다. 길이가 작아도 벡터 재활용(recycling)을 통해 결과를 보여주지만 이에 대한 것은 추후에 설명한다.

```
> x <- c(5, 3, 6)
> names(x) <- c("apple", "wine", "bread")  # 벡터 구성 요소에 이름 부여
> x
## apple wine bread
##     5    3     6

> x[c("apple", "bread")]  # 선택하고 싶은 구성 요소의 이름. " " 사용.
## apple bread
##     5     6
```

5 벡터 연산

이 절에서는 벡터의 구성 요소 단위(element-wise) 연산, 벡터 재활용(recycling), 벡터화 연산, 논리연산에 대해 알아본다.

1) 구성 요소 단위 연산

구성 요소 단위 연산은 벡터의 대응되는 요소끼리 연산이 이루어지는 것을 말한다. 다음의 예는 두 벡터의 합을 구한다. 결과에서 알 수 있듯이 x 벡터와 y 벡터의 대응되는 구성 요소끼리 합하여 벡터를 반환한다.

```
> x <- c(1, 2)
> y <- c(3, 4)
> x+y
## [1] 4 6
```

3개의 벡터 곱을 구하는 연산도 마찬가지로 구성 요소 단위 연산을 실행한다.

```
> c(1, 2) * c(3, 4) * c(3, 1)
## [1] 9 8
```

이렇게 구성 요소 단위 연산은 벡터 연산을 효율적이고 직관적이게, 그리고 쉽게 해준다.

2) 벡터 재활용

길이가 서로 다른 벡터들끼리의 연산은 길이가 작은 벡터를 복제하면서 재활용(recycling)하여 구성 요소 단위 연산이 가능하게 한다. 단, 길이가 약수/배수가 되지 않으면 경고 메시지가 나온다.

다음의 예는 길이가 4인 벡터와 2인 벡터의 합이다. 길이가 2인 벡터를 재활용하여 연산한다. 즉 c(1, 2, 3, 4)+c(10, 20, 10, 20)를 실행한다.

```
> c(1, 2, 3, 4)+c(10, 20)
## [1] 11 22 13 24
```

다음의 예는 길이가 5와 2인 벡터의 합이다. 길이가 작은 벡터의 원소를 복제하여 길이가 5가 되게 한 후 더한다. 즉 c(1, 2, 3, 4, 5)+c(10, 20, 10, 20, 10)를 실행한다. 그리고 두 벡터의 길이가 약수/배수 관계가 되지 않으므로 경고 메시지가 나온다.

```
> c(1, 2, 3, 4, 5)+c(10, 20)
## Warning in c(1, 2, 3, 4, 5)+c(10, 20): 두 객체의 길이가 서로 배수 관계에
## 있지 않습니다
## [1] 11 22 13 24 15
```

3) 벡터화 연산

벡터에 함수를 적용하면 각 구성 요소에 함수가 적용된다. 이러한 벡터화 연산은 계산을 단순하게 하고, 프로그램의 이해도를 높일 할 뿐 아니라 계산 속도도 높일 수 있다.

"+" 연산도 하나의 함수임을 상기하여 "+" 연산을 통해 벡터화 연산을 이해해 보자.

```
> 1+2
## [1] 3

> "+" (1, 2)
```

```
## [1] 3

> "+" (c(1, 2),c(10, 20))
## [1] 11 22
```

"+"(c(1, 2),c(10, 20))는 벡터 c(1, 2)에 c(10, 20)을 더하는 함수다. "+" 함수가 벡터의 각 구성 요소에 적용된다. 이해를 돕기 위해 c(1, 2, 3, 4)의 제곱근을 구하는 예제를 알아보자. 제곱근을 구하는 함수는 sqrt()다.

```
> sqrt(1)
## [1] 1

> sqrt(2)
## [1] 1.414214

> sqrt(3)
## [1] 1.732051

> sqrt(4)
## [1] 2
```

이와 같이 sqrt() 값을 하나씩 구할 수 있지만, 다음과 같이 한꺼번에 구할 수도 있다.

```
> c(sqrt(1), sqrt(2), sqrt(3), sqrt(4))
## [1] 1.000000 1.414214 1.732051 2.000000
```

1, 2, 3, 4의 제곱근을 구하기 위해 코드가 4줄이 필요하거나 혹은 모든 구성 요소에 sqrt() 함수를 적용시켜야 한다. 이러한 번거로움은 다음과 같이 벡터에 함수를 적용하여 간단히 표현할 수 있다.

```
> sqrt(c(1, 2, 3, 4))
## [1] 1.000000 1.414214 1.732051 2.000000
```

하나의 예를 더 살펴보자. 1, 2, 3, 4의 제곱("^2" 혹은 "**2")은 여러 가지 방법으로 구할 수 있다.

```
> 1^2; 2^2; 3^2; 4^2
## [1] 1
## [1] 4
## [1] 9
## [1] 16
```

```
> c(1^2, 2^2, 3^2, 4^2)
## [1]  1  4  9 16
```

더 좋은 방법은 다음의 벡터화 연산이다.

```
> (c(1, 2, 3, 4))^2
## [1]  1  4  9 16
```

5의 제곱, 세제곱, 네제곱을 구해 보자.

```
> 5^2; 5^3; 5^4
## [1] 25
## [1] 125
## [1] 625
```

벡터화 연산으로 다음과 같이 구할 수 있다.

```
> 5^(2, 3, 4)
## Error: <text>: 1:5 : 예기치 않은 ','입니다
```

오류가 발생한다. 그 이유는 "5^(2" 다음에 있는 ","가 예상하지 않은 것이기 때문이다. 이 오류를 다음과 같이 설명할 수 있다. 3은 이름 없는 객체다. "hi"도 이름 없는 하나의 객체다. x <- 3은 R에서 이름이 x인 객체를 만든다. 객체 안의 내용은 3이다. y <- "hi"는 내용이 "hi", 이름이 y인 객체를 만든다. a <- c(1, 2)는 이름이 a, 내용이 c(1, 2)인 하나의 객체를 만든다. c() 함수로 생성한 벡터는 구성 요소의 수와 관계없이 한 개의 객체다. 뒤에서 다루게 될 list(), data.frame(), matrix()도 각각 리스트, 데이터프레임, 행렬 객체를 만드는 함수다. 즉, 이런 함수를 통해 만들어진 객체는 한 개다. 즉, 상자 안에 구슬이 아무리 많아도 상자는 하나다.

갑자기 이런 내용을 다루는 이유는 함수에서 요구하는 객체 수에 대한 이해를 돕기 위해서다. 예를 들어 2와 3의 제곱근을 구하려고 sqrt(2, 3)처럼 인자 2개를 입력하면 오류가 발생한다. sqrt() 함수는 하나의 인자가 필요한데, 2개(2와 3)가 입력되어 오류가 발생하는 것이다. 그러니까 sqrt(c(1, 2))처럼 인자를 한 개로 써야 한다.

5^(2, 3, 4)의 오류는 "^" 다음에 한 개의 객체가 필요한데, 3개가 입력되었기 때문이다. 그러므로 5^c(2, 3, 4)로 써야 한다. "^" 연산자도 "+"처럼 하나의 함수다.

```
> "+" (1, 2)
## [1] 3

> "^" (5, 2)
## [1] 25

> "^" (5, 2, 3, 4)
## Error in '^'(5, 2, 3, 4): 연산자는 하나 또는 두 개의 인자를 필요로 합니다

> "^" (5, c(2, 3, 4))  # 5^c(2, 3, 4)와 같음
## [1]  25 125 625
```

뒤에서 다시 다루게 되겠지만 벡터화 연산을 사용하면 코드가 더 간단하고 명확해지며, 계산 속도도 향상되므로 이것에 익숙해지길 권한다.

4) 비교연산

1.1.2절에서 간단히 소개한 비교연산자에 대해 다시 알아보자(표 2.3). 비교연산은 비교연산자를 이용하여 객체를 비교하는 구성 요소 단위 연산인데 결과 값은 TRUE 혹은 FALSE다.

표 2.3 비교연산자

연산자	문법(예)	의미
>	x>y	x가 y보다 큰가?
>=	x>=y	x가 y 이상인가?
<	x<y	x가 y 미만인가?
<=	x<=y	x가 y 이하인가?
==	x==y	x와 y가 같은가?
!=	x!=y	x와 y가 다른가?
%in%	x %in% y	x가 y의 원소인가?

```
> 1>2
## [1] FALSE

> 1>=2
## [1] FALSE

> 1 <- 2  # "1이 -2보다 작은가?"가 아니고, 할당 연산으로 인식한다. 좌변의 1을 변수
          # 이름으로 생각하는데 변수 이름은 숫자로 시작하면 안 되므로 오류 발생.
## Error in 1 <- 2: 대입에 유효하지 않은 (do_set) 좌변입니다
```

유의해야 할 사항은 "같은가?"에 사용되는 비교연산자가 "="이 아니고 "=="라는 것이다.

```
> 1==2
## [1] FALSE

> isTRUE(1==2)  # 비교가 참인가?를 알아보는 함수
## [1] FALSE

> 1!=2
## [1] TRUE
```

```
> 1 %in% c(1, 2)  # 1이 c(1,2)의 원소인가?
## [1] TRUE

> "a" %in% c("a", "b")
## [1] TRUE

> c(1, 2, 3) %in% c(1, 2)  # 좌변 벡터의 각 구성 요소가 우변 벡터의 구성 요소가 되는가?
## [1]  TRUE  TRUE FALSE
```

벡터의 비교연산을 알아보자.

```
> x <- c(1, 2, 3, 4)
> x > 2
## [1] FALSE FALSE  TRUE  TRUE

> x==2
## [1] FALSE  TRUE FALSE FALSE

> x<=3
## [1]  TRUE  TRUE  TRUE FALSE
```

비교연산 결과 벡터의 길이는 x의 길이와 같다는 것을 알 수 있다. 비교연산을 이용한 서브셋팅을 위해 앞에서 배운 내용을 복습한다.

```
> x[c(TRUE, TRUE, TRUE, FALSE)]  # TRUE에 대응되는 값 선택
## [1] 1 2 3

> x[x<=3]  # x<=3에 해당하는 x의 구성 요소를 선택
## [1] 1 2 3
```

"x<=3"의 결과는 c(T,T,T,F)이다. 그러므로 "x[x<=3]"은 "x[c(T, T, T, F)]"와 같고 이는 "x<=3"이 참인 x의 구성 요소를 선택한다. 다시 정리해 보자.

```
> y <- (x<=3)  # "3 이하인가?"의 결과를 y에 할당
> x[y]  # TRUE에 대응되는 값 선택, 즉 x<=3에 해당하는 x의 구성 요소를 선택
## [1] 1 2 3
```

이 방법은 객체 서브셋팅에 아주 많이 사용하는 방법이므로 잘 알아두면 좋겠다. “[” 안의 논리값 벡터의 길이가 자료 벡터의 길이보다 짧으면 재활용한다. 만약 길면 해당하는 값이 없으므로 “NA” 처리한다. 다음의 예를 통해 알아보자.

```
> x <- c(1, 2, 3, 4)
> x[TRUE]   # = x[c(TRUE, TRUE, TRUE, TRUE)]
## [1] 1 2 3 4

> x[c(TRUE, FALSE)]   # = x[c(TRUE, FALSE, TRUE, FALSE)]
## [1] 1 3

> x[c(TRUE, TRUE, FALSE, TRUE, TRUE)]
## [1]  1  2  4 NA

> x[1]
## [1] 1

> x[c(1, 2, 4, 6)]
## [1]  1  2  4  NA
```

앞에서 다룬 내용을 이용하여 문제를 해결해 보자. 10명의 시험 성적을 벡터 x에 저장하고, 90점 이상인 학생을 모은 벡터 y를 만든 후, 90점 이상이 몇 명인지 알아보자.

```
> x <- c(100, 95, 80, 85, 90, 95, 100, 80, 95, 75)  # 성적 벡터
> y <- (x>=90)
> y
##  [1]  TRUE  TRUE FALSE FALSE  TRUE  TRUE  TRUE FALSE  TRUE FALSE

> sum(y)
## [1] 6
```

논리값(TRUE 혹은 FALSE)은 숫자가 필요한 함수를 만나면 1 혹은 0으로 강제변환된다. 그러므로 y의 구성 요소는 논리값이지만, sum() 함수를 만나 c(1, 1, 0, 0, 1, 1, 0, 1, 0)로 변환되어 TRUE의 개수를 헤아리는 결과가 된다.

단순히 90점 이상인 학생의 수만 구하고자 한다면 다음과 같이 구할 수 있다.

```
> sum(x>=90)
## [1] 6
```

성적이 80점 이상(x>=80)이고 90점 미만(x<90)인 학생 수는 어떻게 구할 수 있을까? 즉, (x>=80) 그리고 (x<90)에 해당하는 학생 수다. 두 개 이상의 비교연산의 결과를 합치는 논리연산(boolean operator)이 필요하다. 표 2.4는 논리연산자를 보여준다.

표 2.4 논리연산자

<table>
<tr><th>연산자</th><th>문법</th><th>의미</th></tr>
<tr><td>&</td><td>x&y</td><td>AND, x와 y 모두 참인가? 벡터 입력, 벡터 출력</td></tr>
<tr><td>&&</td><td>x&&y</td><td>x와 y 모두 참인가? 단일값 입력, 단일값 출력</td></tr>
<tr><td>|</td><td>x|y</td><td>OR, x와 y 중 참이 한 개라도 있는가? 벡터 입력, 벡터 출력</td></tr>
<tr><td>||</td><td>x||y</td><td>x와 y중 참이 한 개라도 있는가? 단일값 입력, 단일값 출력</td></tr>
<tr><td>xor</td><td>x xor y</td><td>x와 y 중 오직 하나만 참인가? 벡터 입력, 벡터 출력</td></tr>
<tr><td>which()</td><td>which(x)</td><td>참인 인덱스</td></tr>
<tr><td>any()</td><td>any(x1, x2,..)</td><td>참인 것이 하나라도 있는가?</td></tr>
<tr><td>all()</td><td>all(x1,x2,...)</td><td>모든 것이 참인가?</td></tr>
<tr><td>identical()</td><td>identical(x1,x2)</td><td>두 객체가 동일한가?</td></tr>
</table>

표의 내용을 살펴보기 위해 먼저 숫자의 논리연산 결과를 알아보자.

```
> 1 & 1
## [1] TRUE

> 0.1 & 6  # 오타 아님
## [1] TRUE

> 0 & 6
## [1] FALSE
```

논리연산에서는 0 이외의 숫자는 모두 TRUE로 간주하는 것을 알 수 있다. 이제 숫자의 논리연산을 통해 논리연산자를 익히자.

```
> 1 & 1
## [1] TRUE

> 1 && 1
## [1] TRUE

> 1 & 0
## [1] FALSE

> 1 && 0
## [1] FALSE

> 1 | 1
## [1] TRUE

> 1 || 1
## [1] TRUE

> 1 | 0
## [1] TRUE

> 1 || 0
## [1] TRUE

> 1==1 & 1==2
## [1] FALSE

> 1==1 && 1==2
## [1] FALSE
```

구성 요소가 한 개인 벡터의 논리연산에서는 &와 &&, |와 ||는 서로 같다. 구성 요소가 여러 개인 벡터에서는 어떤 결과를 보이는지 다음의 예를 통해 알아보자.

```
> x <- c(1, 2, 3)
> x==c(1, 3, 3)
## [1]  TRUE FALSE  TRUE

> x==c(2, 2, 2)
## [1] FALSE  TRUE FALSE

> x==c(1, 3, 3) & x==c(2, 2, 2)
```

```
## [1] FALSE FALSE FALSE

> x==c(1, 3, 3) && x==c(2, 2, 2)
## [1] FALSE

> x==c(1, 3, 3) | x==c(2, 2, 2)
## [1] TRUE TRUE TRUE

> x==c(1, 3, 3) || x==c(2, 2, 2)
## [1] TRUE
```

"&"와 "|"는 두 벡터의 각 구성 요소끼리 대응시켜 논리값을 구하는 구성 요소 단위 연산을 하기 때문에 연산 결과는 피연산자와 같은 길이의 벡터인 데 반해 "&&"와 "||"은 각 벡터의 첫 번째 값만을 이용한 결과를 주기 때문에 연산 결과는 길이가 1인 벡터다. 일반적으로, "&"와 "|"는 여러 조건을 포함하는 계산에서 요소별로 논리연산이 필요할 때 사용된다.

```
> x <- c(1, 2, 3, 4, 5)
> y <- c(1, 2, 4, 5, 6)
> x==1 & y==1  # 구성 요소 단위 비교연산
## [1]  TRUE FALSE FALSE FALSE FALSE

> x[1]==1 & y[1]==1
## [1] TRUE

> x==1 && y==1  # x[1]==1 & y[1]==1와 같음
## [1] TRUE
```

"&&"(AND) 연산자와 "||"(OR) 연산자는 쇼트서킷(short-circuit) 특성을 가지고 있다. 이 특성은 연산자가 조건을 평가할 때, 결과에 영향을 주지 않는 조건은 평가하지 않고 건너뛰는 것을 의미한다. 예를 들어 "100개의 모든 조건이 참이면"을 검정할 때, 쇼트서킷 특성을 가진 "&&" 연산자를 사용하면 첫 번째 조건이 거짓이면 나머지 99개의 조건을 평가하지 않고 거짓을 반환한다. 마찬가지로 "||" 연산자를 사용하면, 첫 번째 조건이 참이면 나머지 99개의 조건을 평가하지 않고 참을 반환한다. 이러한 쇼트서킷 특성은 조건 검사에 대한 효율성을 높여주는데, 특히 조건이 많은 경우에 유용

하다. 조건 검사에 필요한 계산량을 줄여주고, 불필요한 연산을 생략할 수 있다.

다음은 R에서 쇼트서킷 특성을 가진 “&&”와 “||” 연산자를 사용한 예이다.

```
> TRUE || FALSE
## [1] TRUE

> TRUE || print("Good")  # ||의 결과는 TRUE에서 결정되므로 print("Good") 실행하지 않음
## [1] TRUE

> FALSE || print("Good")  # ||의 결과는 FALSE 에서 결정되지 않으므로 print("Good") 실행
## [1] "Good"
## Error in FALSE || print("Good"): 'y' 유형은 'x || y'에 유효하지 않습니다

> TRUE && print("Good")  # &&의 결과는 TRUE에서 결정되지 않으므로 print("Good") 실행
## [1] "Good"
## Error in TRUE && print("Good"): 'y' 유형은 'x && y'에 유효하지 않습니다

> FALSE && print("Good")  # &&의 결과는 FALSE에서 결정되므로 print("Good") 실행 안 함
## [1] FALSE

> FALSE & print("Good")  # &는 FALSE와 상관없이 print("Good") 실행
## [1] "Good"
## Error in FALSE & print("Good"): 오로지 숫자, 논리, 또는 복소수 유형에 대한 연산들만
## 가능합니다
```

조건(비교식 혹은 논리식)을 만족하는 구성 요소의 위치(인덱스)를 찾아주는 which() 함수는 상당히 유용하다. 다음의 예를 살펴보자.

```
> x <- c(2, 4, 1, 6)
> v <- which(x>3)
> v
## [1] 2 4

> x[v]
## [1] 4 6

> x[x > 3]  # x[v]와 같음
## [1] 4 6
```

"여러 개의 조건이 모두 참인가?" 혹은 "하나라도 참인 것이 있는가?"는 all()과 any() 함수를 각각 이용할 수 있다. 이 함수는 "여러 개의 비교식 모두가 TRUE인가, 혹은 TRUE가 하나라도 있는가?"와 같다. 다음의 예제를 보자.

```
> x <- c(2, 4, 1, 6)
> all(x<=2)
## [1] FALSE

> any(x<=2)
## [1] TRUE
```

주어진 두 개의 객체가 동일한가를 알아보는 identical() 함수가 있다. 이 함수는 값의 크기뿐만 아니라 데이터 유형(data type)도 일치하는지 살핀다. 다음의 예를 보자.

```
> x <- c(1, 2)  # 실수
> y <- c(1L, 2L)  # 정수
> z <- c(1., 2.)  # 실수
> identical(x, y)  # 값은 같지만 실수와 정수로 데이터 유형이 다름
## [1] FALSE

> identical(x, z)  # 같은 실수
## [1] TRUE

> all(x==y)  # 논리에서는 정수와 실수 구분 없다.
## [1] TRUE

> isTRUE(x==y)  # =isTRUE(c(T, T)). TRUE만 TRUE로 반환하는 함수, c(T, T)는 TRUE가 아니므로 
FALSE 반환
## [1] FALSE
```

6 벡터 생성 함수

R에서 벡터를 생성하는 함수는 c()를 비롯하여 다양하게 있으며, 표 2.5에 나타내었다.

표 2.5 벡터 생성 함수

함수	설명
c(x, y, …)	벡터 x, y, …를 결합하여 벡터를 만듬
a:b	콜론 연산, a에서 b까지의 공차 1인 수열 생성
seq(from=a, to=b, length.out=n, along.with=x, by=c,)	a에서 b까지 공차 c인 수열 생성. c 대신, 길이는 n, 혹은 x와 같은 길이.
rep(x, times=n, each=t, length=n)	벡터 x를 반복

1) 콜론 연산(":")

콜론 연산은 공차가 1인 수열을 생성한다. a부터 b까지 공차가 1인 수열을 생성하려면 a:b를 입력한다.

```
> 2:6
## [1] 2 3 4 5 6
```

":"는 기본적으로 정수를 출력한다.

```
> typeof(2:6)
## [1] "integer"

> 2.5:6.2  # 실수 수열 생성
## [1] 2.5 3.5 4.5 5.5
```

콜론 연산은 사칙연산보다 우선이다. 콜론 연산을 다른 연산과 같이 사용할 때는 괄호를 사용하여 혼란을 피하는 것이 좋다.

```
> 2:6-2
## [1] 0 1 2 3 4

> 3*2:6
## [1] 6 9 12 15 18

> (3*(2:8))
## [1] 6 9 12 15 18 21 24
```

```
>(3*2):8)
## [1] 6 7 8
```

2) seq() 함수

seq() 함수는 R에서 규칙적인 수열을 생성하는 데 사용되는 기본 함수이다. 표 2.6에서 seq() 함수를 간단히 설명하였다.

표 2.6 seq() 함수

명령어	설명
seq(from=a, to=b, by=c, length.out=n, along.with=x)	a부터 b까지, 공차가 c 혹은 길이가 n, 혹은 x와 같은 길이의 수열 생성. by, length.out, along.with 중 한 개만 사용

다음은 초항(from)=2, 마지막 항(to)=10 그리고 공차(by)=3인 등차수열을 x에 저장한 후 출력하는 코드이다.

```
> x <- seq(2, 10, 3)
> x
## [1] 2 5 8
```

by의 기본값(default)은 1이다. 이것은 상황에 따라 +1 혹은 −1이 된다는 것이다.

```
> seq(1, 10)
## [1]  1  2  3  4  5  6  7  8  9  10

> 1:10
## [1]  1  2  3  4  5  6  7  8  9  10

> seq(10, 1)  # by=1이지만 유연하게 -1로 사용됨
## [1]  10  9  8  7  6  5  4  3  2  1

> 10:1
## [1]  10  9  8  7  6  5  4  3  2  1
```

seq(10, 1, 1)을 seq(10, 1)과 같은 것으로 생각할 수 있다. 그러나 by를 지정하지 않으면 유연하게 -1로 대처하지만, 'by=1'로 지정하면 "10에서 시작하여 1씩 증가하여 1까지"를 의미하므로 실행되지 않는다. 그러므로 'by=-1'로 지정해야 원하는 결과를 얻을 수 있다.

```
> seq(10, 1, 1)
## Error in seq.default(10, 1, 1): wrong sign in 'by' argument

> seq(10, 1, -1)
## [1] 10 9 8 7 6 5 4 3 2 1
```

인자 이름을 사용하여 입력 순서를 다르게 할 수 있다.

```
> seq(length=5, to=20, from=10)
## [1] 10.0 12.5 15.0 17.5 20.0
```

1에서 5까지, 2씩 증가하고, 길이가 4인 수열은 만들 수 없다. 이와 같은 이유로 "length"와 "by" 둘 중 하나만 사용한다.

```
> seq(1, 5, by=2, length=4)  # length와 length.out은 같음
## Error in seq.default(1, 5, by=2, length=4): too many arguments
```

생성되는 수열의 길이는 length.out뿐만 아니라 along.with로도 지정할 수 있다.

```
> x <- seq(0, 10, length.out=5)  # 길이가 5인 수열
## [1] 0.0  2.5  5.0  7.5 10.0

> y <- seq(10, 20, length.out=length(x))  # x와 같은 길이
##[1] 10.0 12.5 15.0 17.5 20.0

> z <- seq(10, 20, along.with=x)  # y와 같음. x와 같은 길이
##[1] 10.0 12.5 15.0 17.5 20.0
```

3) rep() 함수

rep() 함수는 R에서 객체를 반복하여 새로운 객체를 생성하는 데 사용되는 기본 함수인데, 벡터를 만드는 데 많이 사용된다. 함수의 기본 형태는 표 2.7에서 알 수 있다. 이 함수에서 사용되는 인자의 우선순위는 length, each, times이다.

표 2.7 rep() 함수

명령어	설명
rep(x, times=a, each=b, length=n)	x: 벡터 a: 정수 벡터 b, n: 정수 벡터 x의 구성 요소 각각을 b번 반복하고, 이를 다시 a번 반복하여 길이가 n이 되게 함. a가 벡터이면 times는 each처럼 작동. a의 길이는 each 적용된 벡터의 길이와 같아야 함.

```
> rep(0, times=3)  # numeric(3) 혹은 c(0, 0, 0)와 같음,
## [1] 0 0 0

> rep(1, times=4)  # c(1, 1, 1, 1)
## [1] 1 1 1 1

> rep(1:3, times=2)  # 전체를 2번 반복
## [1] 1 2 3 1 2 3

> rep(1:3, 2)  # 인자 이름이 없어도 순서에 의해 times=2로 인식함
## [1] 1 2 3 1 2 3

> rep(1:3, each=3)  # 각 구성 요소 3번 반복
## [1] 1 1 1 2 2 2 3 3 3

> rep(1:3, each=c(2, 3, 4))  # each는 정수만 사용되므로, 첫째 값만 사용
## Warning in rep(1:3, each=c(2, 3, 4)): first element used of 'each'
## argument
## [1] 1 1 2 2 3 3

> rep(c(5, 7), times=2, each=3)  # times와 each가 같이 있으면 each 우선.
##  [1] 5 5 5 7 7 7 5 5 5 7 7 7

> rep(c(5, 7), times=c(1, 2))  # times가 길이 2 이상인 벡터면 each와 같은 역할
## [1] 5 7 7
```

```
> rep(c(5, 7), times=c(1, 2), each=3)  # each=3이 적용된 결과 벡터 길이는 6인데, times에
                                       # 주어진 c(1,2)는 길이가 6이 아닌 2이므로 오류.
## Error in rep(c(5, 7), times=c(1, 2), each=3): 'times' 인자가 잘못되었습니다
```

위의 예에서 each와 times의 역할을 알아보았고, each가 times보다 우선임을 알았다. 그러면 length는 생성되는 벡터의 길이를 지정하는 것인데 그 역할과 우선순위에 대해 다음의 예를 통해 알아보자.

```
> rep(1:4, times=2, each=2, length=3)  # length 우선, 다음은 each
## [1] 1 1 2

> rep(1:4, times=2, each=2, length=5)  # length 우선, 다음은 each
## [1] 1 1 2 2 3

> rep(1:4, times=2, each=2, length=15)  # length 우선, 다음은 each, times
## [1] 1 1 2 2 3 3 4 4 1 1 2 2 3 3 4

rep(1:4, times=2, each=2, length=30)
## [1] 1 1 2 2 3 3 4 4 1 1 2 2 3 3 4 4 1 1 2 2 3 3 4 4 1 1 2 2 3 3
```

이 결과에서 인자의 우선순위는 length, each, times 순이라는 것을 알 수 있다. 먼저 each를 적용하면서 지정한 length만큼 반복한다. 자동으로 반복되므로 length와 같이 사용되는 times는 의미가 없다. 아래에서 length와 같이 사용되는 times는 무시된다는 사실을 다시 확인하자.

```
> rep(1:3, times=c(1,2,3), length=7)  # times 무시
## [1] 1 2 3 1 2 3 1

> rep(1:3, times=1, length=10)  # length 우선
## [1] 1 2 3 1 2 3 1 2 3 1

> rep(1:3, length=10)  # times 없어도 반복
## [1] 1 2 3 1 2 3 1 2 3 1
```

7 NA와 NULL

- NA: "모른다"
- NULL: "비어있다"

대부분의 사람은 어린 시절에 별명을 가지고 있다. 친구 6명의 별명을 조사하여 다음과 같이 x 변수에 저장했다.

```
x <- c("호박", "모름", "장어", "짱구", "없음", "조사안함").
```

"NA"는 "모름"을 의미하는 것으로, "조사안함"을 포함한 개념이다. 그리고 NULL은 "조사안함"을 의미하는 것으로, 표시만 되어있을 뿐 아무런 정보도 없음을 의미하므로 "모름"과 "없음"과는 다른 의미다. 결측치(missing value, NA)는 언제나 발생할 수 있으며, 이를 잘 다루는 것은 매우 중요하다.

3명이 가지고 있는 연필 수가 각각 3, 5, NA다. 모두 합하면 몇 자루인가? NA는 "모른다"는 의미이므로 3 + 5 + NA는 NA다. R이 우리와 같은 결과를 보여주는지 예를 통해 알아보자.

```
> x <- c(3, 5, NA)
> x
## [1]  3  5 NA

> 3+5+NA
## [1] NA

> sum(x)
## [1] NA
```

그러면 NA가 있는 벡터의 길이와 평균(mean() 함수 사용)은 어떻게 계산되는가?

```
> length(x)
## [1] 3

> mean(x)
## [1] NA

> mean(x, na.rm=TRUE)  # NA를 제외(remove)한 후 계산
## [1] 4
```

R에서 length() 함수는 벡터의 길이(구성 요소 수)를 반환한다. NA는 구성 요소의 일부로 간주되므로, NA가 있는 경우에도 길이는 3으로 반환된다. NA를 제외한 계산은 "na.rm=TRUE"를 사용하여 수행할 수 있다. 반면 NULL은 산술 계산에서 제외된다. 다음 예를 확인해보자.

```
> x <- c(3, NULL, 5)
> x  # NULL은 제외됨
## [1]  3  5

> length(x)
## [1] 2

> mean(x)
## [1] 4
```

NULL은 빈 값이므로 강제로 NULL을 지정할 수 없다

```
> x[1] <- NULL
## Error in x[1] <- NULL : replacement has length zero
```

1==NA의 결과는 무엇일까? 결과는 FALSE가 아니고 NA다. 모르는 것이 당연하다. 그러면 NA==NA의 결과는 무엇일까? 결과가 TRUE 같지만, 이것은 "영희가 가진 연필 수(NA)와 철수가 가진 연필 수(NA)를 모두 모른다면 두 명이 가지고 있는 연필 수는 같은가?"에 대한 답과 같다. 여기에 대한 답은 TRUE 혹은 FALSE가 아니고, NA(모른다)다.

x와 y가 같은지 확인하기 위하여 x==y을 사용하는 것처럼, NA와 같은지를 확인하

기 위하여 x==NA를 사용하면 될 것 같다. 그러나 그 결과는 항상 NA만 나오기 때문에 NA를 비교할 때는 is.na() 함수를 사용한다. 다음의 예를 통해 알아보자.

```
> 1==1
## [1] TRUE

> 1==NA
## [1] NA

> NA==NA
## [1] NA

> x <- c(3, 5, NA)
> x==3
## [1]  TRUE FALSE   NA

> x==NA
## [1] NA NA NA

> is.na(x)
## [1] FALSE FALSE TRUE
```

NULL은 없는 값을 의미하고, NA는 모르는 값을 의미하기 때문에 벡터에서 차지하는 공간 크기가 다르다. is.na()는 벡터를 구성하는 각 원소가 NA인지를 알아보고, is.null()은 벡터가 NULL임을 알아보는 함수다.

```
> x <- NA
> length(x)
## [1] 1

> y <- NULL
> length(y)  # null은 이름만 있고 아무것도 없는 것
## [1] 0

> is.null(y)  # null인가?
## [1] TRUE

> y<-c(1, NULL, 5)  # y는 NULL 아님
> is.null(y)
## [1] FALSE
```

연습문제

벡터

1 다음 중 객체 이름으로 적절하지 않은 것은?

a, x, xxxx, x@, 3y, Y, p, polyn, asa, 3x, xyz, .c, .#, .6, v., b*, n, *n

2 c(4, 6)를 x에 할당하여 평균을 구하고 x에 저장된 값을 출력하시오.

3 연산자는 함수인가?

벡터 생성

4 아래의 문장(a~f)에 틀린 곳이 있으면 고치시오.

a. 벡터란 여러 개의 값을 하나로 묶은 것이다.

b. c() 함수는 여러 개의 벡터를 묶어서 하나의 벡터로 만드는 함수이다.

c. 벡터 이름은 숫자로 시작할 수 있다.

d. 다른 종류의 벡터도 c()로 묶을 수 있다.

e. R에서 모든 데이터는 벡터다.

f. R에는 스칼라가 있다.

5 성적 55, 80, 90, 70을 x에 할당하시오. x의 구성 요소의 개수를 출력하시오.

6 수강과목 stat, math, english, society를 변수 y에 할당하시오.

7 5~6번 문제에서 x와 y를 결합(c(x, y))한 결과를 보고 문자와 숫자를 함께 쓸 경우 어떤 현상이 발생하는지 확인하시오.

8 객체의 정보를 간단하게 확인할 때 사용하는 함수는 무엇인가?

9 4명의 성별을 조사한 데이터 male, female, female, male을 변수 gender에 입력하시오.

10 9번 문제에서 레벨 수를 nlevels() 함수로 확인하시오.

속성

11 names, class, dim, mode, typeof 중 벡터에 자동으로 만들어지는 속성은 무엇인가?

12 x <- c(50, 40)의 각 원소에 "first", "second" 이름을 부여하시오. 이하 13~16번 문제에서도 이 x를 사용하시오.

13 x의 클래스는?

14 x의 row.names는 무엇인가?

15 x의 dim은 무엇인가?

16 dim(x) <- c(1, 2); x는 어떻게 변화하였는가?

벡터의 구성 요소 선택(서브셋팅)

17 x <- c(2, 0, 1, 5, 3, 2, 3, 4)에서 x의 5번째 값만 제외하고 출력하시오. 이하 18~22번 문제에서도 이 x를 사용하시오.

18 x[-4] 결과는 무엇인가?

19 x의 첫 번째 값을 3으로 수정하시오.

20 2, 3번째 값을 제외하고 출력하시오.

21 x[T]의 결과는?

22 x[x>2]의 결과는?

23 y <- c(2, 5, 3, 4)의 3번째 값을 논리값을 사용하여 추출하시오.

벡터 연산

24 x <- c(2, 0, 1, 5, 3, 2, 3, 4)에서 5번째 값만 제외하고 출력하시오. 이하 26~36번 문제에서도 이 x를 사용하시오.

25 identical(x, as.integer(x))의 결과는? as.integer()는 데이터 유형을 정수로 변환하는 함수이다.

26 x에서 3 이상의 값이 있는 위치는?

27 x에서 3 이상의 값만 출력하시오.

28 x에서 2 이하의 값만 추출하시오.

29 x[x<5 && x>1]의 결과를 살피고, 그 이유를 설명하시오.

30 x의 모든 값이 0 이상인가? 코드로 표현하고 결과를 쓰시오.

31 2 이상이고 4 이하인 값만 추출하시오.

32 x의 모든 구성 요소의 크기를 2배로 하시오.

33 3 이하 값의 인덱스는?

34 sort(x); rank(x)의 결과를 보고, rank(), sort() 함수는 무엇인지 쓰시오.

35 x의 첫째 구성 요소와 둘째 구성 요소의 합은 다섯째 구성 요소의 값과 같은가? 코드로 표현하고 결과를 쓰시오.

36 x의 첫째 구성 요소와 둘째 구성 요소의 합과 같은 값을 가지는 구성 요소는 몇 개인가? 코드로 표현하고 결과를 쓰시오.

37 v <- c("Monday", "Tuesday", "Friday", "Saturday")에서 화요일은 몇 번째인가? 이하 38~41번 문제에서도 이 v에 대하여 답하시오.

38 v[-1]의 결과는 ?

39 v에서 "Friday"를 제외하시오.

40 v에 요일을 추가하여 일주일을 완성하시오(일요일부터 시작이다). v <- c("Sunday", "Monday", "Tuesday", "Wednesday", "Thursday", "Friday", "Saturday")와 같이 하지 말고, v에 값을 추가하는 방법으로 하시오. 단, 요일의 순서는 무시해도 된다.

41 40번 문제에서 완성한 v의 모든 구성 요소가 요일을 나타내는 올바른 영문자인지 다음과 같은 방법으로 확인한다.

```
all(v %in% c("Sunday", "Monday" "Tuesday", "Wednesday", "Thursday", "Friday",
"Saturday"))
```

혹은

```
v==c("Sunday", "Monday" "Tuesday", "Wednesday", "Thursday", "Friday", "Saturday"))
```

어떤 결과를 보이는가?

42 print(1) || print(1)의 결과는?

43 print(0) || print(3)의 결과는?

44 print(1) && print(1)의 결과는?

45 print(0) && print(4)의 결과는?

46 F | print(1)의 결과는?

벡터 생성 함수

47 등차수열을 만들기 위해서 사용되는 함수는?

48 공차가 1인 등차수열 생성에는 어떤 함수를 사용하는가?

49 초항=2, 마지막항=10, 공차가 3인 등차수열을 만드시오.

50 1에서 5까지 공차가 1인 등차수열을 생성하시오.

51 1에서 10까지 길이가 5인 등차수열을 생성하시오.

52 9에서 2까지 2씩 감소하는 등차수열을 생성하시오.

53 b <- 1:10일 때, seq() 함수를 이용하여 b와 같은 등차수열을 생성하시오.

54 4*(2:6)의 결과를 쓰시오.

55 4*2:6+1의 결과를 쓰시오.

56 seq(1, 10, -2)의 결과를 쓰시오.

57 x <- c(4, 5, 6, 7)일 때, rep() 함수를 사용하여 x를 세 번 반복한 벡터를 생성하시오.

58 수열 1:5의 전체 구성 요소를 2번 반복하시오.

59 벡터 c(2, 5)을 4번 반복하시오.

60 수열 1:5의 각 구성 요소를 2번씩 반복하시오.

61 수열 1:3의 각 구성 요소를 c(2, 1, 3) 벡터만큼 반복하시오. 벡터 길이는 얼마인가?

62 0을 5개 나열한 벡터를 생성하시오.

63 rep(c(0, 3, 5), times=2, each=3) 결과를 쓰시오.

64 rep(1:5, each=2, length=5)의 결과를 나타내고 어떤 인자가 우선되었는지 설명하시오.

65 rep(1:2, times=2, length=3)의 결과를 나타내고 어떤 인자가 우선되었는지 설명하시오.

66 rep(c(0, 3, 5), times=c(2, 1, 2)) 결과를 쓰시오.

67 다음 결과를 쓰시오.

a. rep(1:4, times=2, length=3)

b. rep(1:4, each=2, length=5)

c. rep(c(3, 5), times=2, each=2, length=8)

d. rep(seq(1, 2, 1), times=c(1, 2, 3), length=5)

e. rep(c(9, 8, 7), each=c(1, 2, 3), length=7)

f. rep(c(9, 8, 7), times=1, length=5)

g. rep(c(9, 8, 7), length=7)

h. rep(c(9, 8, 7), each=2, length=7)

i. rep(1:4, times=2. length = 3)

NA와 NULL

68 x <- c(5, 4, 3, NA, 10, NA, 3)일 때 NA를 제외한 x의 최댓값(max())을 구하시오.

69 y <- c(2, 4, NULL, 7)에서 y의 합을 구하시오.

70 x <- c(1, 2, NA)에서 sum(x)는? length(x)는?

71 x <- c(NULL, 2, 4)에서 sum(x)는? length(x)는?

72 x <- c(1, 2, 4, NA)에서 mean(x)는? length(x)는?

73 x <- c(1, 2, 4, NULL)에서 mean(x)는? length(x)는?

74 71~73번 문제에서 NA와 NULL을 제외하고 값을 구하시오.

75 100명의 학생 성적을 조사하여 변수 x에 입력하고자 한다. 데이터가 얻어질 때마다 다음과 같이 하나씩 입력한다.

x <- 100; x[2] <- 95; x[3] <- 90; ...; x[100]<-95;

이렇게 입력하면 벡터 형태가 어떻게 변화하는지 설명하시오

76 다음의 각 벡터 x <- c(1, 2, 3); y <- c(1, NULL, 5); z <- NULL의 is.null() 결과를 알아보시오.

제 3 장

행렬과 배열

행렬(matrix)은 행과 열로 이루어진 요소들의 집합으로 데이터를 구조화하고 조작하는 데 유용하며, 다양한 분야에서 사용된다. 예를 들어, 여러 변수(예: 나이, 키, 몸무게)를 가진 여러 관측치(예: 사람)가 있는 경우, 행렬은 이러한 데이터를 구조화된 형태로 표현할 수 있다. 각 행은 하나의 관측치를 나타내고, 각 열은 하나의 변수를 나타낸다. 이렇게 표현된 행렬은 데이터를 효율적으로 조작하고 분석하는 데 도움이 된다. 이 장에서는 행렬은 무엇이며, 어떻게 생성하는지, 그리고 행렬의 서브셋팅은 어떻게 하는지 등을 알아본다.

먼저 R에서는 행렬을 다음과 같이 정의할 수 있다.

- 여러 개의 상자가 사각형 형태를 이룸. 각 상자에는 한 개 이하의 데이터가 저장됨.
- 행과 열로 구성되는 2차원 형태
- 행의 수와 열의 수의 속성을 가지는 벡터

1 행렬 생성

행렬을 생성하는 방법은 다음의 3가지가 있다.

- 벡터에 차원 속성(dimension) 부여
- matrix() 함수 이용
- cbind() 함수 또는 rbind() 함수 이용

먼저 dim() 함수를 이용하여 벡터에 차원 속성을 부여하는 방법에 대해 알아보자

1) 벡터에 차원 속성 부여

벡터에는 차원 속성이 없지만 이를 부여하면 행렬이 된다. 다음의 예를 통해 살펴보자.

```
> x <- c(1, 2, 3, 4, 5, 6)
> class(x)
## [1] "numeric"
```

```
> ncol(x)  # 벡터에는 행과 열 속성이 없다.
## NULL

> nrow(x)
## NULL

> dim(x)  # 벡터에는 차원 속성이 없다
## NULL

> dim(x) <- c(3, 2)  # 행 3, 열 2개의 속성을 줌. 즉 3 × 2 행렬
> x  # 속성을 받아 행렬이 됨
##      [,1] [,2]
## [1,]    1    4
## [2,]    2    5
## [3,]    3    6

> dim(x)  # 속성 생성
## [1] 3 2

> class(x)  # 숫자 벡터에서 행렬, 배열 클래스로 변경
## [1] "matrix" "array"
```

2) matrix( ) 함수 사용

matrix(data, nrow, ncol. Byrow, dimnames)

- data: 벡터
- nrow: 행의 개수
- ncol: 열의 개수
- byrow: TRUE(데이터를 각 행 우선 배치(기본값: FALSE))
- dimnames: 각 열과 행의 이름을 가리키는 벡터

다음은 matrix() 함수를 사용하는 예이다.

```
> x <- matrix(c(1, 2, 3, 6, 8, 9, 4, 5), ncol=2)  # 열 2개, 행 4개, 열 우선 배치
> x
##      [,1] [,2]
```

```
## [1,]    1    8
## [2,]    2    9
## [3,]    3    4
## [4,]    6    5

> dim(x)
## [1] 4 2

> class(x)
## [1] "matrix" "array"

> b <- c(1, 2, 3, 6, 8, 9, 4, 5)
> x <--matrix(b, byrow=TRUE, ncol=4)  # 열 4개, 행 2개, 행 우선 배치
> x
##      [,1] [,2] [,3] [,4]
## [1,]    1    2    3    6
## [2,]    8    9    4    5

> dim(x)
## [1] 2 4

> dimnames(x)  # 각 행과 열 이름 없음
## NULL

> colnames(x) <- c("c1", "c2", "c3", "c4")  # 열 이름 부여
> rownames(x) <- c("a","b")  # 행 이름 부여
>x
##   c1 c2 c3 c4
## a  1  2  3  6
## b  8  9  4  5
```

3) rbind(), cbind() 함수 이용

앞서 "R 벡터는 행벡터도 아니고 열벡터도 아니다"라고 하였다. 이는 역설적으로 행벡터도 되고 열벡터도 된다는 의미이다.

- rbind(x, y, …): 벡터 x, y, …를 행으로 결합하여 행렬을 만듦
- cbind(x, y, …): 벡터 x, y, …를 열로 결합하여 행렬을 만듦

다음의 예를 통해 자세히 살펴보자.

```
> x <- 1:3
> y <- 3:5
> v <- rbind(x, y)  # x, y가 행벡터가 됨
> class(v)
## [1] "matrix"

> dim(v)
## [1] 2 3

> v
##   [,1] [,2] [,3]
## x    1    2    3
## y    3    4    5

> b <- cbind(x, y)  # x, y가 열벡터가 됨
> class(b)
## [1] "matrix" "array"

> dim(b)
## [1] 3 2

> b
##      x y
## [1,] 1 3
## [2,] 2 4
## [3,] 3 5
```

서로 다른 데이터 유형을 결합하여 행렬을 만들면 강제변환된 데이터가 사용된다.

```
> x <- c('Kim','Lee')
> y <- 1:2
> v <- cbind(x,y)
> class(v)
## [1] "matrix" "array"

> typeof(v)
## [1] "character"

> v  # 구성요소가 문자인 행렬. 흔하지 않음
##      x     y
## [1,] "Kim" "1"
## [2,] "Lee" "2"
```

벡터 구성 요소에 부여된 이름(names())은 벡터에서만 유효하고 벡터가 행렬의 구성 요소가 되면 names() 속성은 사라진다. 행렬에서는 dimnames(), colnames(), rownames()를 사용하여 이름을 부여하는데, 행렬에서는 열 이름과 행 이름은 많이 사용하지 않는다. 데이터프레임에서 사용되는 row.names()와 rownames()는 유사한 기능을 하지만 내부적으로 다르게 작동한다. 무엇을 사용해야 할지 혼란스럽다면 row.names()를 사용하면 된다. 그리고 만들어진 열 이름은 하나의 벡터 이름으로 작용한다.

```
> x <- c(a1=1, a2=2, a3=6, y=4)
> names(x)  # 벡터의 구성 요소에 부여된 이름
## [1] "a1" "a2" "a3" "y"

> dim(x)<-c(2, 2)  # 행렬로 변환
> x  # 벡터에 부여된 이름은 사라짐
##      [,1] [,2]
## [1,]    1    6
## [2,]    2    4

> names(x)  # 행렬에는 names 속성 없음
## NULL

> dimnames(x)  # 아직 지정하지 않음
## NULL

> colnames(x)  # 아직 지정하지 않음
## NULL

> rownames(x)  # 아직 지정하지 않음
## NULL

> colnames(x) <- c('c1', 'c2')
> rownames(x) <- c('r1', 'r2')
> colnames(x)
## [1] "c1" "c2"

> rownames(x)
## [1] "r1" "r2"

> dimnames(x)  # 행과 열이름 정보
## [[1]]
```

```
## [1] "r1" "r2"
##
## [[2]]
## [1] "c1" "c2"
> str(x)  # x에 대한 정보
##  num [1:2, 1:2] 1 2 6 4  # 행과 열이 각각 2개인 숫자 행렬
##  - attr(*, "dimnames")=List of 2  # dim names  정보
##   ..$ : chr [1:2] "r1" "r2"
##   ..$ : chr [1:2] "c1" "c2"
```

str(x) 결과는 다음과 같이 해석된다. x는 2×2 크기의 숫자(numeric) 행렬이고, 구성 요소는 1, 2, 6, 4이다. dimnames 속성이 있고, 그것은 문자 벡터 c("r1", "r2")와 c("c1", "c2") 두 개다.

길이가 n인 벡터를 열이 하나인 행렬(n×1)로 변환하기 위해서 다음과 같이 dim(), matrix(), as.matrix() 함수를 사용할 수 있다.

```
> x <- 1:3
> dim(x) <- c(3, 1)
> x
##      [,1]
## [1,]    1
## [2,]    2
## [3,]    3
> x <- 1:3
>  matrix(x, ncol=1)
##      [,1]
## [1,]    1
## [2,]    2
## [3,]    3
>  as.matrix(x)
##      [,1]
## [1,]    1
## [2,]    2
## [3,]    3
```

역으로 행렬이 c() 함수를 거치면 벡터가 된다.

```
> a <- matrix(1:4, ncol=2)
> a  # 행렬
##      [,1] [,2]
## [1,]    1    3
## [2,]    2    4

> b <- c(a, 2)
> class(b)  # 벡터
## [1] "numeric"

> b  # 열 우선 배치 변환
## [1] 1 2 3 4 2
```

4) 행렬 서브셋팅

행렬 서브셋팅(matrix subsetting)을 위해서는 "[" 와 subset() 함수를 사용할 수 있다. 주로 사용하는 것은 "["이므로, subset() 함수는 데이터프레임에서 다루기로 하고 여기에서는 "["를 소개한다.

- x[a, b, drop=FALSE]: 행렬 x의 a행과 b열 추출. 결과가 행이 한 개이거나 혹은 열이 한 개이면 벡터가 되지만, "drop=FALSE"가 있으면 행렬 속성 유지.

벡터 서브셋팅과 마찬가지로 행렬은 "[,]"로 서브셋팅할 수 있다. "[,]"에는 행과 열을 지정하는 벡터가 필요하다. "[,]"에서 빈칸은 모두를 의미하고, 양의 정수는 선택하는 인덱스, 음의 정수는 제외되는 인덱스다. 행과 열 이름으로 지정할 수도 있다. 다음의 예를 통해 행렬 서브셋팅을 살펴보자.

```
> a <- matrix(1:6, ncol=2, byrow=F)  # 3 × 2 행렬
> a
##      [,1] [,2]
## [1,]    1    4
## [2,]    2    5
```

```
## [3,]    3    6

> a[c(1, 2), c(1, 2)]  # 2 × 2 행렬
## [1,]    1    4
## [2,]    2    5

> a[c(1, 2)]  # 행렬을 벡터로 간주하여 1과 2번째 구성 요소
## [1] 1 2

> a[ ,2]  # 모든 행, 2열
## [1] 4 5 6

> a[1:2, -1]  # 1,2행, 1열 제외
## [1] 4 5

> a[-c(1, 3), ]  # 2행, 모든 열
## [1] 2 5

> a[1:2, 1]  # 1,2행, 1열
## [1] 1 2
```

행 이름과 열 이름을 이용하여 서브셋팅을 할 수 있는데 이름은 문자열이므로 " "가 필요하다.

```
> a <- matrix(1:6, ncol=2, byrow=F)  # 3 × 2 행렬
> colnames(a) <- c("c1", "c2")  # 열 이름
> rownames(a) <- c("r1", "r2", "r3")  # 행 이름
> a[c("r1", "r2"), "c1"]
## r1 r2
##  1  2

> a["r1", ]
## c1 c2
##  1  4
```

위 결과에서 알 수 있는 바와 같이 서브셋팅 결과가 한 개의 행 혹은 한 개의 열이면 벡터로 출력하는데 이는 행렬 계산에서 예상하지 않는 오류를 발생시키는 원인이 되기도 한다. 그러므로 될 수 있으면 행렬의 속성을 유지하도록 "drop=FALSE"을 사용하

는 것이 좋다.

```
> x <- a[ ,2]  # 2열, 모든 행
> x
## r1 r2 r3
## 4  5  6

> class(x)  # 정수 벡터
## [1] "integer"

> x <- a[ ,2, drop=F]
> x
## c2
## r1  4
## r2  5
## r3  6

> class(x)
## [1] "matrix" "array"
```

다음은 1:20에서 임의추출된 크기가 8인 표본으로 생성한 2×4 행렬에서, 1행의 값이 10 이상인 모든 열을 추출하고, 2열의 값이 10 이하인 모든 행을 추출하는 과정을 보여준다. 결과는 행렬 형태 유지하도록 한다.

```
> set.seed(2)
> x=matrix(sample(1:20, 8), ncol=4)
> x
##      [,1] [,2] [,3] [,4]
## [1,]   15   19    1   16
## [2,]    6    8   13   12

> x[ , x[1, ]>=10, drop=F]
##      [,1] [,2] [,3]
## [1,]   15   19   16
## [2,]    6    8   12

> x[x[ , 2]<=10,  , drop=F]
##      [,1] [,2] [,3] [,4]
## [1,]    6    8   13   12
```

2 행렬 연산

이 절에서는 행렬 연산과 행렬에 사용되는 함수에 대해 알아본다.

1) 행렬 연산

행렬 연산에서는 수식 연산(+, -, *, /, ^,…)을 할 수 있는데, 연산은 구성 요소 단위로 이루어진다. 다음의 예를 통해 살펴보자.

```
> x <- 1:2
> x+1  # (1:2) + rep(1,2) 재활용
## [1] 2 3

> a <- matrix(c(1, 2, 3, 6, 8, 9), ncol=2)
> a
##      [,1] [,2]
## [1,]    1    6
## [2,]    2    8
## [3,]    3    9

> a+2  # 2가 재활용됨
##      [,1] [,2]
## [1,]    3    8
## [2,]    4   10
## [3,]    5   11

> a+matrix(rep(2, 6), ncol=2)
##      [,1] [,2]
## [1,]    3    8
## [2,]    4   10
## [3,]    5   11

> a*a
##      [,1] [,2]
## [1,]    1   36
## [2,]    4   64
## [3,]    9   81
```

```
> a^2
##      [,1] [,2]
## [1,]    1   36
## [2,]    4   64
## [3,]    9   81

> round(sqrt(a), 2)  # 반올림해서 소수점 아래 두 번째까지
##      [,1] [,2]
## [1,] 1.00 2.45
## [2,] 1.41 2.83
## [3,] 1.73 3.00
```

행렬은 기본적으로 동일한 데이터 타입을 가지는 벡터의 결합으로 생성되기 때문에 mean() 혹은 sum() 함수를 행렬에 적용하면 모든 값의 평균 혹은 합을 구한다. 이는 행렬이 벡터로부터 만들어졌음을 의미하는 하나의 예시다.

```
> b <- matrix(1:4, ncol=2)
> mean(b)  # 모든 구성 요소 평균
## [1] 2.5

> sum(b)  # 모든 구성 요소 합
## [1] 10

> sum(b[1,])  # 첫째 행 합
## [1] 4

> sum(b[,2])  # 두 번째 열 합
## [1] 7
```

수학에서 다루는 행렬의 곱셈은 "%*%" 연산자를 사용하여 수행되며, 이 연산의 결과는 항상 행렬이다. R의 벡터는 열벡터도 되고 행벡터도 된다고 앞에서 언급하였는데 이는 행렬의 곱셈이 성립할 수 있도록 벡터가 변환된다는 것을 의미한다. 다음의 예를 통해 살펴보자.

```
> b %*% b  # 행렬의 곱셈
##      [,1] [,2]
## [1,]    7   15
## [2,]   10   22

> b %*% b[1 , ]  # b[1 , ]는 열벡터로 변환
##      [,1]
## [1,]   10
## [2,]   14

> b[1 , ] %*% b  # b[1 , ]는 행벡터로 변환
##      [,1] [,2]
## [1,]    7   15

> b %*% b[1 ,  , drop=F]  # 행렬 차수가 일치하지 않아 오류 발생
## Error in b %*% b[1, , drop = F]: 적합한 인자들이 아닙니다
```

위의 예제는 벡터를 편하게 행렬 연산에 사용하라는 의미가 아니고 행과 열의 크기를 명확하게 하는 것이 좋다는 것을 강조하는 것이다. 다음을 통해 다시 확인한다.

```
> b <- matrix(1:4, ncol=2)
> b[1,] %*% b[,1]
##      [,1]
## [1,]    7

> b[,1] %*% b[1,]
##      [,1]
## [1,]    7

> b[1,, drop=F] %*% b[,1,drop=F]
##      [,1]
## [1,]    7

> b[,1,drop=F] %*% b[1,,drop=F]
##      [,1] [,2]
## [1,]    1    3
## [2,]    2    6
```

b[1,] %% b[,1]와 b[1,, drop=F] %% b[,1,drop=F]는 7이다. 그리고 b[,1] %%

b[1,]와 b[,1,drop=F] %% b[1,,drop=F]는 행렬이 되어야 하지만 b[,1] %*% b[1,]가 7이 나와 예상하지 못한 결과를 얻었다. 여기에서 두 벡터의 행렬 곱셈은 내적을 구한다는 것을 알 수 있다. 행렬의 서브셋팅 결과를 이용한 행렬 연산을 할 때 행과 열의 크기를 꼭 확인해야 한다.

2) 행렬 관련 함수

행렬에 관련된 여러 가지 함수 중 대표적인 것은 다음과 같다.

- t(): 전치행렬
- solve(): 역행렬
- diag(): 대각행렬(대각 성분 외에는 모두 0인 행렬)

다음의 예를 통해 살펴보자.

```
> t(b)
##      [,1] [,2]
## [1,]    1    2
## [2,]    3    4

> v <- solve(b)  # b의 역행렬
> v %*% b  # = diag(2)
##      [,1] [,2]
## [1,]    1    0
## [2,]    0    1

> diag(3)  # 3 × 3 단위행렬
##      [,1] [,2] [,3]
## [1,]    1    0    0
## [2,]    0    1    0
## [3,]    0    0    1

> diag(c(1, 2, 3))  # 대각원소 지정
##      [,1] [,2] [,3]
## [1,]    1    0    0
## [2,]    0    2    0
## [3,]    0    0    3
```

```
> diag(b)  # 대각원소 추출
## [1] 1 4
```

3 배열

배열(array)은 R에서 다차원 데이터를 저장하고 처리하는 데 사용되는 데이터 구조다. 배열은 행렬의 일반화된 형태로, 행렬은 2차원 배열이라고 할 수 있다.

5명의 학생이 세 과목(math, history, science)을 2번(mid, final) 응시한 성적을 저장하는 방법으로 여러 가지를 고려할 수 있다. 배열로 저장하는 방법은 mid 시험 성적 행렬과 final 시험 성적 행렬을 만들어 결합하는 것이다. 각 행렬의 행은 학생 번호, 열은 과목을 나타낸다.

1) 배열 생성

일반적으로 배열 생성은 array() 함수를 사용한다(표 3.1). 시험 성적은 다음과 같이 중간고사 행렬 mid와 기말고사 행렬 final로 구성된다.

표 3.1 array() 함수

함수	설명
array(x, dim=c(a, b, c, …), dimnames=c(y1, y2, y3, …))	x: 벡터, a, b, c, …: 차원, y1, y2, y3, …: 차원 이름

```
> mid <- matrix(c(80, 90, 85,
+               65, 70, 55,
+               60, 85, 90,
+               80, 85, 65,
+               85, 90, 80
+ ), ncol=3,byrow=T)
>
```

```
> final <- matrix(c(65, 80, 75,
+                 85, 90, 80,
+                 75, 90, 65,
+                 90, 100, 90,
+                 95, 85, 90
+ ), ncol=3, byrow=T)
>
> tests <- array(c(mid, final), dim=c(5, 3, 2),
+              dimnames=list(student=1:5,
+                            subject=c('math', 'history', 'science'),
+                            test=c("mid", "final")))
> tests
## , , test=mid
##
##        subject
## student math history science
##       1   80      90      85
##       2   65      70      55
##       3   60      85      90
##       4   80      85      65
##       5   85      90      80
##
## , , test = final
##
##        subject
## student math history science
##       1   65      80      75
##       2   85      90      80
##       3   75      90      65
##       4   90     100      90
##       5   95      85      90
> dim(tests)
## [1] 5 3 2
```

2) 배열 서브셋팅

배열의 구성 요소를 추출하는 방법은 행렬과 유사하다. "[" 연산자를 사용하여 인덱스를 지정하면 된다. 예를 들어, 위에서 만들어진 tests에서 3번 학생의 두 번째 과목 중간고사 점수는 tests[3, 2, 1]으로 볼 수 있다. 그리고 모든 학생의 두 번째 과목 중간고사 점수는 tests[,2,1]에서 볼 수 있다. 또한 1번 학생의 모든 과목 중간고사 성적은 tests[1, ,1]에서 볼 수 있다.

```
> tests[3, 2, 1]  # 3번 학생의 두 번째 과목 중간고사 점수
## [1] 85

> tests[ , 2, 1]  # 모든 학생의 두 번째 과목 중간고사 점수
## [1] 90 70 85 85 90

> tests[1,  , 1]  # 1번 학생 모든 과목 중간고사 성적
## math  history  science
     80       90       85
```

연습문제

행렬 생성

1 x <- c(2, 3, 4, 5)를 이용하여 행렬 $\begin{bmatrix} 2 & 3 \\ 4 & 5 \end{bmatrix}$와 $\begin{bmatrix} 2 & 4 \\ 3 & 5 \end{bmatrix}$를 만드시오. 단, matrix() 함수만 사용하시오.

2 행렬 $\begin{bmatrix} 2 \\ 2 \\ 2 \\ 2 \end{bmatrix}$을 만드시오. 단, rep()와 dim() 함수만 사용하시오.

3 x <- c(2, 2); y <- c(1, 2)을 이용하여 행렬 $\begin{bmatrix} 2 & 1 \\ 2 & 2 \end{bmatrix}$를 만드시오. 단, cbind() 함수를 사용하시오.

4 x <- c(2, 2); y <- c(1, 2)을 이용하여 행렬 $\begin{bmatrix} 2 & 2 \\ 1 & 2 \end{bmatrix}$를 만드시오. 단, rbind() 함수를 사용하시오.

5 대각성분이 모두 1이고 나머지는 0인 3×3 크기의 행렬을 matrix(), rbind()를 사용해서 만드시오. 그리고 diag(3)과 비교하시오.

6 행렬 A= $\begin{bmatrix} 2 & 1 \\ 2 & 2 \end{bmatrix}$를 벡터로 변환하시오.

7 x <- c(2, 2); y <- c("1", "2"); cbind(x, y)의 결과를 쓰시오.

8 1:4로 열이 1개인 행렬을 만드시오. 사용할 수 있는 모든 방법을 사용하시오.

9 1:100에서 임의추출한 크기 12인 표본을 이용하여 행이 4개, 열이 3개인 행렬을 만들고 다음 문제에 답하시오.

1) 2,3행과 1,2열을 추출하시오.

2) 1행을 추출하시오. 단, 형태는 행렬로 유지한다.

3) 2행이 30 이상인 모든 열을 추출하시오.

4) 3행의 모든 값을 100으로 대체하시오.

행렬 연산

10 x <- c(3, 4, 5, 1, 9, 4, 2)를 이용하여 행과 열이 각각 3개, 4개인 행렬 A를 만드시오. 어떤 경고가 나오는가? 그 이유는? 이하 11~18번 문제에서도 이 A를 사용하시오.

11 A의 1행을 추출하시오.

12 A의 3열을 추출하시오.

13 11~12번 문제의 결과는 벡터인가, 행렬인가? 그 이유는?

14 c(6, 7, 8, 9)을 A의 마지막 행에 추가하여 행렬 B를 만드시오.

15 B의 전치행렬을 구하시오.

16 B에서 2열이 4 이하인 모든 행을 추출하시오. subset() 함수를 사용하시오.

17 B에서 2행이 4 이상인 모든 열을 추출하시오. subset() 함수를 사용하시오.

18 A*A를 구하시오.

배열

19 5개의 학교(1, 2, 3, 4, 5)에서 학생 20(1, 2, ⋯, 20)명이 두 번(first, second) 치른 3과목(math, history, science)의 시험 성적을 나타내는 배열 Exam을 만드시오. 성적은 50:100에서 임의추출하시오. 이하 20~22번 문제에서도 이를 사용하시오.

20 첫 번째 시험 성적을 추출하시오

21 1번째 학교의 첫 번째 수학 성적을 추출하시오.

22 5번째 학교의 20번째 학생의 두 번째 성적의 평균을 구하시오.

제 4 장

데이터프레임

1. 데이터프레임 생성
2. 데이터프레임 서브셋팅
3. R 환경
4. 데이터프레임과 기초 통계량
5. 데이터프레임 결합

R에서 다루는 대부분의 데이터는 데이터프레임(dataframe) 형식으로 존재한다. 데이터프레임의 형태는 행렬과 같은 사각형이지만 각 열(변수)의 데이터 유형이 같지 않아도 된다는 유연성을 지닌다. 데이터프레임의 특성을 다음과 같이 정리할 수 있다.

- 길이가 같은 벡터의 결합
- 각 벡터의 데이터 유형은 달라도 됨
- 열은 변수, 행은 관측치를 표현
- 기술적으로는 리스트로 간주할 수도 있음

1 데이터프레임 생성

데이터프레임을 만드는 데 사용하는 함수는 data.frame()이며, 표 4.1에 정리되어 있다. 다음의 예제를 통해 자세히 알아보자.

표 4.1 data.frame() 함수

함수	설명
data.frame(x, y, …, stringAsFactors = TRUE)	x, y: 벡터 혹은 데이터프레임. 문자는 요인형(factor)으로 인식

```
> d <- data.frame(c(1, 2, 3), c(6, 7, 8))
> d  # 주어지지 않은 컬럼 이름은 값을 이용하여 만듬
##   c.1..2..3. c.6..7..8.
## 1          1          6
## 2          2          7
## 3          3          8

> str(d)  # 2개의 변수와 3개의 관측치. 각 변수의 형태는 숫자(numeric)
## 'data.frame':  3 obs. of  2 variables:
##  $ c.1..2..3.: num  1 2 3
##  $ c.6..7..8.: num  6 7 8

> attributes(d)  # 속성 확인
```

```
## $names  # 열(변수) 이름
## [1] "c.1..2..3." "c.6..7..8."
##
## $row.names #default로 행 이름은 숫자
## [1] 1 2 3
##
## $class
## [1] "data.frame"

> class(d)  # 클래스는 데이터프레임
## [1] "data.frame"

> mode(d)  # 모드와 typeof 는 리스트
## [1] "list"

> typeof(d)
## [1] "list"
```

이름 없는 벡터를 결합해서 만든 데이터프레임의 변수 이름(열 이름)은 자동으로 생성되는데 이때 만들어지는 이름은 컬럼을 나타내는 문자 "c"와 입력되는 값을 "."으로 결합한 구조다. 그리고 위의 결과에서 볼 수 있듯이 데이터프레임의 이름 속성은 변수 이름과 같고, 행 이름(rownames)은 행 번호로 자동 생성된다. 그리고 데이터프레임의 클래스는 데이터프레임이지만 모드와 typeof는 리스트인데 이는 리스트 형태로 저장됨을 의미한다. 데이터프레임의 이름 관련 속성과 변수 이름을 부여하는 방법에 대해 알아보자.

```
> d <- data.frame(c(1, 2, 3), c(6, 7, 8))
> names(d)  # 변수이름
## [1] "c.1..2..3." "c.6..7..8."

> rownames(d)  # 행 이름
## [1] "1" "2" "3"

> colnames(d)  # 열 이름=벡터 이름=변수 이름
## [1] "c.1..2..3." "c.6..7..8."

> names(d) <- c("x", "y")  # 변수 이름 부여(colnames(d)<-c("x","y"))
```

```
> d
##   x y
## 1 1 6
## 2 2 7
## 3 3 8
```

데이터프레임의 각 변수는 서로 다른 데이터 유형을 사용할 수 있다. 다음의 예를 통해 살펴보자.

```
> x <- data.frame(name=c('Kim', 'Lee', 'Cho'),
+                 gender=c('Male', 'Female', 'Female'),
+                 age=c(20, 21, 20) )
> x
##   name gender age
## 1  Kim   Male  20
## 2  Lee Female  21
## 3  Cho Female  20

> attributes(x)
## $names
## [1] "name"   "gender" "age"
##
## $row.names
## [1] 1 2 3
##
## $class
## [1] "data.frame"

> str(x)
## 'data.frame':    3 obs. of  3 variables:
##  $ name  : Factor w/ 3 levels "Cho", "Kim", "Lee": 2 3 1
##  $ gender : Factor w/ 2 levels "Female", "Male": 2 1 1
##  $ age    : num  20 21 20

> class(x)
## [1] "data.frame"
```

여기에서 이름과 성별이 자동으로 요인형(factor)이 되었다. 대부분의 문자 변수는 범주형 자료를 나타내기 때문에 데이터프레임에 입력되는 문자 변수는 요인형으로 간주하여 처리한다. 그러므로 필요한 경우에는 "stringsAsFactors=F"를 사용하여 범주형이 아닌 문자열로 처리한다. 그리고 str(x)의 결과에는 3개의 관측치와 3개의 변수가 있는데 그 변수 이름이 name, gender, age 라고 표시한다. 그런데 변수 이름 앞에 "$"가 있다. "$"는 데이터프레임과 리스트에서 변수를 표시하는 역할을 한다. 위 데이터프레임 x에 있는 변수 age의 내용을 보고 싶다면 다음과 같이 확인할 수 있다.

```
> x$age
## [1] 20 21 20
```

R에는 많은 데이터셋이 내장되어 있는데 그 목록은 data() 함수로 볼 수 있다. 대부분의 내장 데이터셋의 형태는 데이터프레임이지만 리스트와 시계열 자료(time series)도 있다.

```
> data()  # R version에 따라 다를 수 있음
## AirPassengers      Monthly Airline Passenger Numbers
##                    1949-1960
## BJsales            Sales Data with Leading Indicator
## BJsales.lead (BJsales)
##                    Sales Data with Leading Indicator
## BOD                Biochemical Oxygen Demand
## CO2                Carbon Dioxide Uptake in Grass Plants
## ChickWeight        Weight versus age of chicks on
##                    different diets
## …

> class(BOD)  # 데이터프레임
## [1] "data.frame"

> class(AirPassengers)  # 시계열(time series) 자료
## [1] "ts"
```

2 데이터프레임 서브셋팅

데이터프레임 서브셋팅은 주로 subset() 함수, "[", "$"를 사용한다. subset() 함수를 사용하면 데이터프레임 형태가 보존된다는 큰 장점이 있다. 먼저 예를 통해 행렬의 서브셋팅을 다시 살펴본다. 참고로 문자와 숫자를 크기 비교하면 항상 문자가 더 크다.

```
> "v">10000
##[1] TRUE
> a <- matrix(1:6, ncol=2, byrow=F)  # $ 3 × 2 행렬
> colnames(a)=c("c1", "c2")  # 열 이름
> rownames(a)=c("r1", "r2", "r3")  # 행 이름
> a
##    c1 c2
## r1  1  4
## r2  2  5
## r3  3  6

> a[  , "c1"]  # c1열
## r1 r2 r3
##  1  2  3

> a["r1", ]  # r1행
## c1 c2
##  1  4

> a[c("r1", "r2"), ]  # r1, r2행
##    c1 c2
## r1  1  4
## r2  2  5

> a["r1">2, ]  # 행 이름은 비교연산에서 문자로 간주됨.
# 그러므로 "r1">2는 항상 TRUE
##    c1 c2
## r1  1  4
## r2  2  5
## r3  3  6

> a[a[ ,1]>2, ]  # 첫 번째 열(a[ ,1]) 중 2보다 큰 행의 모든 열,
```

```
                    #  결과는 세 번째 행 모든 값
## c1 c2
##  3  6

> a[,a[1,]>2]  # 첫 번째 행(a[1, ]) 중 2보다 큰 열의 모든 행,
              # 결과는 두 번째 열 모든 값
## r1 r2 r3
##  4  5  6
```

행렬 서브셋팅에서 행 혹은 열 이름을 사용한 비교식으로는 원하는 결과를 얻을 수 없다. 그러므로 a[,a[1,]>2]와 같이 값을 비교하는 형식을 사용하여야 한다. 이제 데이터프레임의 서브셋팅 방법 중 하나인 subset()을 알아보자.

subset() 함수는 데이터프레임을 특정 조건에 따라 서브셋팅할 때 매우 유용하다. 이 함수는 조건을 만족하는 행과 선택한 열을 쉽게 추출할 수 있도록 한다. 이를 통해 복잡한 데이터프레임에서 필요한 부분만을 간단하게 선택할 수 있다.

subset(x, subset, select, drop = FALSE, …)

- x: 데이터프레임, 행렬
- subset: 선택할 행의 조건 지정
- select: 선택할 열(변수) 지정
- drop: 결과가 데이터프레임이 아닌 형태가 되는 것을 방지한다. 기본값은 FALSE.

예제를 통해 자세히 살펴보자.

```
> x <- data.frame(name=c('Kim', 'Lee', 'Cho'),
+                 gender=c('Male', 'Female', 'Female'),
+                 age=c(20, 21, 23))
  # 특정 조건의 행 선택
> y <- subset(x, subset=(age>=21))  # age가 21 이상인 모든 행
> y
##   name gender age
## 2  Lee Female  21
## 3  Cho Female  23
```

```
> class(y)  # 결과는 원 자료와 같은 데이터프레임
## [1] "data.frame"
```

다음은 select를 사용하여 열(변수)를 선택하는 예제이다.

```
> subset(x, select=c(1, 3))  # 1, 3번째 열(변수)
##   name age
## 1  Kim  20
## 2  Lee  21
## 3  Cho  23

> subset(x, select="age")  # age 변수
##   age
## 1  20
## 2  21
## 3  23

> subset(x, select=age)  # age 변수, " " 사용하지 않아도 됨.
##   age
## 1  20
## 2  21
## 3  23
```

다음은 age가 21 이상인 행과 변수를 3개 선택한다.

```
> subset(x, subset=(age>=21), select=c(age, name, gender))
##   age name gender
## 2  21  Lee Female
## 3  23  Cho Female
```

다음으로 "["를 이용한 서브셋팅에 대해 알아본다. 다음의 예에서 "age"는 변수가 아닌 문자로 인식된다. 문자가 숫자보다 크다는 사실에 의해 모든 행이 선택되므로, 변수 이름을 비교연산에 사용할 때는 신중해야 한다.

```
> y<-x["age">=21, ]
> y
##   name gender age
## 1  Kim   Male  20
## 2  Lee Female  21
## 3  Cho Female  23
```

subset() 함수에서는 데이터프레임 내의 변수를 바로 사용할 수 있지만, "[" 연산자를 사용할 때는 변수가 속한 데이터프레임을 명시해야 한다. "["를 이용해서 age가 21 이상인 행의 모든 변수를 선택하고자 한다.

```
> x[age>=21, ]  # x에 있는 age이지만, R은 변수가 어디 있는지 모름
## Error in '[.data.frame'(x, age >= 21, ): 객체 'age'를 찾을 수 없습니다

> x[x$age>=21, ]  # 변수를 명확하게 지정해야 한다.
##   name gender age
## 2  Lee Female  21
## 3  Cho Female  23

> x[x$age>=21, c("age", "name")]  # 21세, 변수 2개
##   age name
## 2  21  Lee
## 3  23  Cho

> x[x$age>=21, c(age, name)]  # 변수를 모름
## Error in '[.data.frame'(x, x$age>=21, c(age, name)): 객체
## 'age'를 찾을 수 없습니다
```

변수 이름을 사용할 때 따옴표를 사용해야 한다

```
> x[ ,"age"]
## [1] 20 21 23

> x[ , x$age]  # 변수 이름이 아니라 변수에 있는 값을 지정하였음
## Error in '[.data.frame'(x, , x$age): undefined columns selected

> x["age"]
```

```
##    age
## 1  20
## 2  21
## 3  23
```

"["를 이용한 서브셋팅에서 비교연산에 사용되는 변수 이름에는 "$"를사용하고, 열에서 선택할 변수를 지정할 때는 ""를 사용한다.

데이터프레임의 변수를 지정할 때 사용하는 "$"는 하나의 연산자이고, 뒤에서 배울 "[["와 같은 기능을 한다. 두 연산자의 차이점은 변수 이름의 부분적 일치에 관한 것과 변수 이름의 변수로 사용에 관한 것이다. "$"에 의한 서브셋팅 결과는 벡터다.

```
> x$age
## [1] 20 21 23

> x[[age]]  # 오류, 문자열 요구
## Error in (function(x, i, exact) if (is.matrix(i)) as.matrix(x)[[i]] else .subset2(x,
: 객체 'age'를 찾을 수 없습니다

> x[["age"]]
## [1] 20 21 23

> x$a  # 변수 이름 부분 일치 허용
## [1] 20 21 23

> x[["a"]]  # 변수 이름 부분 일치 허용 안됨
## NULL

> x[["a", exact=FALSE]]  # 변수 이름 부분 일치 허용
## [1] 20 21 23

> v <- "age"  # 변수 이름 변수
> x$v  # 변수 이름 변수 사용 불가, x에 있는 변수 v 없음
## NULL

> x[[v]]  # 변수 이름 변수 가능
## [1] 20 21 23

> class(x$age)  # 결과가 벡터
## [1] "numeric"
```

표 4.2 head()와 tail() 함수

함수	설명
head(data)	데이터의 첫 6행 보여줌
head(data,n)	데이터의 첫 n행 보여줌
tail(data)	데이터의 끝 6행 보여줌

내장 데이터 "cars"를 이용하여 서브셋팅을 좀 더 익혀 보자. cars는 자동차의 속도(speed)와 제동거리(dist)에 관한 데이터프레임이다.

```
> str(cars)
## 'data.frame':    50 obs. of  2 variables:
##  $ speed: num  4 4 7 7 8 9 10 10 10 11 ...
##  $ dist : num  2 10 4 22 16 10 18 26 34 17 ...
```

데이터의 앞부분만 살펴보자. 데이터의 앞부분과 뒷부분만 간단히 볼 수 있는 함수 head()와 tail()이 있다(표 4.2).

```
> head(cars, n=3)
##   speed dist
## 1     4    2
## 2     4   10
## 3     7    4

> cars$dist #dist 변수 내용
##  [1]   2  10   4  22  16  10  18  26  34  17  28  14  20  24  28  26  34
## [18]  34  46  26  36  60  80  20  26  54  32  40  32  40  50  42  56  76
## [35]  84  36  46  68  32  48  52  56  64  66  54  70  92  93 120  85
```

subset() 함수를 이용한 서브셋팅 결과는 데이터프레임이다.

```
> x <- subset(cars, select=speed)
> class(x)
## [1] "data.frame"
```

dist가 10 이하인 행, 변수는 dist를 선택한다.

```
> head(subset(cars, select=dist, dist<=10))
##    dist
## 1     2
## 2    10
## 3     4
## 6    10
```

dist가 20인 행, 변수는 speed만 제외한다.

```
> subset(cars, select=-speed, dist==20)
##    dist
## 13   20
## 24   20
```

dist가 26 혹은 34인 행, 두 번째 변수 dist를 선택한다.

```
> subset(cars, dist %in% c(26, 34), select=2)
##    dist
## 8    26
## 9    34
## 16   26
## 17   34
## 18   34
## 20   26
## 25   26
```

"["를 이용한 서브셋팅에 대해 알아보자. cars 데이터를 사용하기 위해 attach한다. attach()에 대해서는 다음 절에서 다룬다.

```
> attach(cars)
> y <- cars[, 2]  # 결과가 벡터
> str(y);
##  num [1:50] 2 10 4 22 16 10 18 26 34 17 ...

> class(y)
## [1] "numeric"
```

```
> y <- cars[, 2, drop=F]  # 결과가 데이터프레임
> class(y)
## [1] "data.frame"
```

"drop=F"는 없지만 출력되는 열이 두 개이므로 데이터프레임으로 저장된다.

```
> y <- cars[ , c(1, 2)]
> class(y)
## [1] "data.frame"
```

"["에서 열 이름은 항상 " "를 쓰고, subset()에서는 사용하지 않는 것이 혼란을 줄일 수 있다. 다음의 예를 살펴보자.

```
> cars[cars$dist==40, 2]
## [1] 40 40

> cars[cars$dist==40, "dist"]
## [1] 40 40

> cars[cars$dist==40,  dist] #오류
## Error in x[j]: 유효하지 않은 첨자의 타입 'closure'입니다

> cars[cars$dist==40, cars$dist] #오류
## Error in `[.data.frame`(cars, cars$dist == 40, cars$dist): undefined columns selected
```

subset()에서 변수 이름에 " "를 언제 사용해야 하는지 다시 살펴보자.

```
> subset(cars, dist==40, 1)
##    speed
## 28    16
## 30    17

> subset(cars, dist==40, dist)
##    dist
## 28   40
## 30   40
```

```
> subset(cars, "dist"==40,  dist)
## [1] dist
## <0 rows> (or 0-length row.names)
```

3 R 환경

R에서 환경은 변수, 함수, 그리고 객체들이 저장되는 공간이다. 환경은 계층적 구조를 가지며, 전역 환경, 패키지 환경, 함수 환경 등이 있다. 예제를 통해 환경에 대해 알아보자.

cars 데이터프레임에 있는 변수 dist 값은 “cars$dist”로 볼 수 있다. 그런데 데이터프레임 이름(cars)을 사용하지 않으면 어떻게 될까? 다음의 코드를 보자.

```
> head(cars$dist)
##  [1]   2  10   4  22  16  10

> dist
## function(x, method="euclidean", diag=FALSE, upper=FALSE,
##      p = 2)
## {
##      if (!is.na(pmatch(method, "euclidian")))
…
…
##      .Call(C_Cdist, x, method, attrs, p)
## }
## <bytecode: 0x0000000013d34df8>
## <environment: namespace:stats>

> ?dist  # help 창에 dist함수 도움말이 나타난다.
```

먼저 cars$dist는 cars 데이터프레임의 변수 dist를 보여준다. 그런데 “>dist”의 결과는 예상하지 않은 것이다. 이 결과를 자세히 보면 이것은 거리를 구하는 함수인 것처럼 보이는데, “?dist”를 통해 이것이 stats 패키지에 있는 거리행렬을 구하는 함수인 것으로 확인된다.

그러면 cars에 있는 변수 dist와 stats 패키지에 있는 함수 dist()를 어떻게 구분해서 사용할 수 있을까? 그리고 "> dist"의 결과는 왜 stats 패키지에 있는 함수 dist()를 보여주는가? 그리고 "> dist"가 cars에 있는 변수 dist를 보게 하려면 어떻게 해야 하는가? 여기에 대한 답을 얻기 위해서 R 환경(environment)을 알아야 한다.

먼저 search() 함수로 현재 사용할 수 있는(attached된(첨부된), install 후 library() 실행된) 패키지와 객체(대개의 경우 데이터프레임) 목록을 확인하자.

```
> search()
##  [1] ".GlobalEnv"         "package:knitr"      "package:stats"
##  [4] "package:graphics"   "package:grDevices"  "package:utils"
##  [7] "package:datasets"   "package:methods"    "Autoloads"
## [10] "package:base"
```

현재 작업 중인 컴퓨터에서의 결과이다. 첫 번째 나타난 것은 전역환경(".GlobalEnv") 인데 이것은 R 작업 환경이다. 환경도 하나의 객체인데 작업공간, 혹은 폴더로 이해해도 된다. R 작업 중에 만드는 모든 객체는 전역환경에 저장된다. RStudio에서는 Environment 탭에서 객체를 확인할 수 있다. 두 번째는 "package:knitr", 세 번째는 "package:stats"이고 마지막은 기본환경("package:base")이다. 만약 패키지 nnet을 R에 불러오면 어떤 변화가 생기는지 살펴보자.

```
> library(nnet)
> search()
##  [1] ".GlobalEnv"         "package:nnet"       "package:knitr"
##  [4] "package:stats"      "package:graphics"   "package:grDevices"
##  [7] "package:utils"      "package:datasets"   "package:methods"
## [10] "Autoloads"          "package:base"
```

패키지 nnet은 두 번째에 위치하고 있다. 가장 최근에 불러오는 패키지는 항상 전역환경 다음에 위치한다. 그러면 위치가 무슨 의미를 가지고 어떤 역할을 하는가?

>?cars를 통해 cars 데이터프레임은 datasets 패키지에 있음을 알 수 있다. 이 datasets 패키지는 8번째 위치하고 있는 환경임을 알 수 있다.

객체 탐색은 첫 번째에 있는 전역환경부터 순서대로 탐색하면서 마지막에 위치한 기본환경에서 끝난다. 환경에서 객체를 탐색하는 동안 그 환경 안에 있는 객체만 탐색할 뿐 그 객체 안에 있는 객체는 찾지 못한다. 다음의 예를 통해 살펴보자.

```
> xyz <- data.frame(x_a=3, x_b="a")  # R 작업은 전역환경에 이루어짐
> xyz # 쉽게 찾음
##   x_a x_b
## 1   3   a

> xyzz  # 모든 환경 탐색해도 없음
## Error in eval(expr, envir, enclos): 객체 'xyzz'를 찾을 수 없습니다

> x_a  # xyz의 변수이지만 모든 환경 탐색해도 없음
## Error in eval(expr, envir, enclos): 객체 'x_a'를 찾을 수 없습니다

> xyz$x_a  # 확인됨
## [1] 3
```

객체(변수) x_a는 객체 xyz 안에 존재한다. 그리고 xyz는 전역환경에 존재한다. 객체를 탐색하는 것은 환경 안에 있는 객체(xyz)를 탐색할 뿐 객체(xyz) 안에 있는 객체(x_a 혹은 x_b)는 탐색하지 않는다. 그러면 객체(xyz) 안에 있는 객체(x_a)를 탐색하려면 어떻게 하면 될까? 객체 xyz를 attach() 함수로 환경으로 만들어 주면 된다.

```
> attach(xyz)
> search()  # xyz 환경 생성됨
##  [1] ".GlobalEnv"        "xyz"               "package:nnet"
##  [4] "package:knitr"     "package:stats"     "package:graphics"
##  [7] "package:grDevices" "package:utils"     "package:datasets"
## [10] "package:methods"   "Autoloads"         "package:base"

> x_a  # 탐색 됨
## [1] 3
```

환경에 많은 객체가 있으면 의도하지 않은 문제가 발생할 수 있으므로 작업 후에 detach() 함수로 환경에서 삭제한다. 그리고 데이터프레임 환경은 될 수 있으면 만들지 않는 것이 좋다.

4 데이터프레임과 기초 통계량

데이터프레임의 기초 통계량을 계산하는 summary() 함수는 제네릭 함수(generic function)이다. 제네릭 함수는 인자의 클래스에 따라 다르게 작동하는 객체지향 함수를 말한다. summary() 함수를 간략히 정리하면 다음과 같다.

- summary() 함수는 기초통계량을 보여 준다.
- 양적변수는 최솟값(min), 제1 사분위수(Q1), 중앙값(median), 평균(mean), 제3 사분위수(Q3), 최댓값(max)을 보여 준다.
- 질적변수(요인형, 범주형)는 빈도표(frequency table) 보여 준다.

다음은 cars 데이터프레임에 대한 summary() 결과다.

```
> summary(cars)
##      speed           dist       
##  Min.   : 4.0   Min.   :  2.00  
##  1st Qu.:12.0   1st Qu.: 26.00  
##  Median :15.0   Median : 36.00  
##  Mean   :15.4   Mean   : 42.98  
##  3rd Qu.:19.0   3rd Qu.: 56.00  
##  Max.   :25.0   Max.   :120.00  
```

두 개의 양적변수 speed와 dist의 최솟값(min), 제1 사분위수(Q1), 중앙값(median), 평균(mean), 제3 사분위수(Q3), 최댓값(max)을 보여 준다. 다음은 5명 학생의 성별과 성적을 조사한 자료다. 각 변수에 대한 기초통계량을 구해보자.

```
> x=data.frame( gender=c("M",'F','F','F',"F"),
+               score=c(100,90,90,95,80), stringsAsFactors = F )
> summary(x)
##     gender              score    
##  Length:5           Min.   : 80  
##  Class :character   1st Qu.: 90  
```

```
##  Mode  :character    Median : 90
##                      Mean   : 91
##                      3rd Qu.: 95
##                      Max.   :100
```

"stringsAsFactors=F"로 인해 gender 변수는 요인형(factor)이 아니고 문자(character)로 인식되어 통계량을 구할 수 없다. 문자 변수의 빈도표는 의미가 없다는 뜻이기도 하다. 그렇지만 문자 변수의 빈도표는 table() 함수로 구할 수 있다.

```
> table(x$gender)
## F M
## 4 1
```

gender가 인자형으로 입력되면 summary()가 빈도표를 계산한다.

```
> x<-data.frame(   gender=c("M",'F','F','F',"F"),
                   score=c(100,90,90,95,80) )
> summary(x)
##  gender     score
##  F:4     Min.   : 80
##  M:1     1st Qu.: 90
##          Median : 90
##          Mean   : 91
##          3rd Qu.: 95
##          Max.   :100
```

gender가 범주형 변수이므로 빈도표를 보여준다.

5 데이터프레임 결합

이 절에서는 여러 개의 데이터프레임을 결합하는 방법에 대해 알아본다. 주로 merge()와 cbind() 함수를 사용한다(표 4.3).

표 4.3 데이터프레임 결합 함수

함수	설명
merge(d1, d2, by=x)	d1, d2: 데이터프레임, 모든 변수 결합, 변수 x값을 공통으로 가지는 행만 합치기
merge(d1, d2, by=x, all=T)	모든 행 합치기
cbind(d1, d2)	열로 변수 결합
rbind(d1, d2)	행으로 관측치 결합

다음의 예제는 두 개의 데이터프레임 df1(수학시험 성적), df2(과학시험 성적)를 결합하기 위해서 merge() 함수를 사용한다. merge() 함수는 기본적으로 by로 주어지는 결합기준 변수 값이 양쪽 모두 있는 행만 결합한다. "all=T"를 사용하면 결합기준 변수 값이 없는 행도 결합하는데 값이 없는 것은 "NA"로 출력된다.

```
> df1 <- data.frame(name=c('KIM', 'LEE', 'CHO'),
+                   math=c(90, 100, 95), stringsAsFactors=F)
> df1
##   name math
## 1  KIM   90
## 2  LEE  100
## 3  CHO   95

> df2 <- data.frame(name=c('KIM', 'YOON'),
+                   sci=c(100, 95), stringsAsFactors=F)
> df2
##   name sci
## 1  KIM 100
## 2 YOON  95
```

결합 기준 변수 name 변수 값이 두 데이터프레임에 공동으로 있는 행을 결합한다. 여기에서는 "KIM"이 양쪽에 모두 있다.

```
> merge(df1, df2, by='name')
##   name math sci
## 1  KIM   90 100

> merge(df1, df2, by='name', all=T)  # 모든 행 결합
##   name math sci
```

```
## 1  CHO   95  NA
## 2  KIM   90 100
## 3  LEE  100  NA
## 4 YOON   NA  95
```

데이터프레임에 열(변수)를 추가하려면 data.frame() 혹은 cbind() 함수를 사용할 수 있는데 행의 수가 일치해야 한다. df1에 역사 점수(hist)를 추가한 df3를 data.frame()로 만들어 보자.

```
> df3<-data.frame(df1, hist=c(100,90,80,88))
> df3
##   name math hist
## 1  KIM   90  100
## 2  LEE  100   90
## 3  CHO   95   80
> str(df3)
## 'data.frame':    3 obs. of  3 variables:
##  $ name: chr  "KIM" "LEE" "CHO"
##  $ math: num  90 100 95
##  $ hist: num  100 90 80
```

df3에 체육 점수(gym)를 추가한 df4를 cbind()로 만들어 보자.

```
> df4 <- cbind(df3, gym=c(100, 90, 80))
> df4
##   name math hist gym
## 1  KIM   90  100 100
## 2  LEE  100   90  90
## 3  CHO   95   80  80

> str(df4)
## 'data.frame':  3 obs. of  4 variables:
##  $ name: chr   "KIM" "LEE" "CHO"
##  $ math: num   90 100 95
##  $ hist: num   100 90 80
##  $ gym: num    100 90 80
```

데이터프레임에 변수(열)를 추가 혹은 결합하는 방법을 알아보았는데, 관측치(행)를 추가할 때는 rbind() 함수를 사용한다. 아래는 관측치(name="Park", math=95, hist=90, gym=100)를 df4의 마지막 행에 추가한다.

```
> rbind(df4, c(name="Park", math=95, hist=90, gym=100))
##   name math hist gym
## 1  KIM   90  100 100
## 2  LEE  100   90  90
## 3  CHO   95   80  80
## 4  Park   95   90 100
```

연습문제

1 내장 데이터프레임 iris에는 어떤 변수가 있는가?

2~7번 문제는 iris 데이터에 관한 것이다.

2 Species 가 setosa 인 Petal.Width 평균을 구하시오.

3 Petal.Width가 0.2인 setosa는 몇 개인가? subset()을 이용하시오.

4 Petal.Width가 0.2 이상인 versicolor는 몇 개인가? subset()을 이용하시오.

5 Sepal.Length 가 5 이상이고 Petal.Width가 1.2 이상인 setosa는 몇 개인가? subset()을 이용하시오.

6 Sepal.Length가 5 이상인 Petal.Width 평균은? subset()을 이용하시오.

7 3~6 문제를 "["를 이용하여 구하시오.

8 R에서 환경이 무엇이지 설명하시오.

9 ggplot2 패키지에 있는 데이터프레임 mpg에는 어떤 변수가 있고 각 변수의 형태는 무엇인가? 각 변수의 요약통계량을 구하시오. 이를 알아보기 위해서 ggplot2 패키지를 설치하고 library() 함수로 불러와야 한다.

10~13번 문제는 mpg 데이터프레임에 관한 것이다.

10 데이터프레임 mpg에서 audi 에서 생산한 모델은 몇 종류인가?

11 1999년도의 고속도로 연비(hwy) 평균을 구하시오.

12 고속도로 연비가 25 이하인 audi 모델은 몇 종류인가?

13 year가 2000년 이하인 year, cyl, cty, hwy 변수를 추출하시오.

제 5 장

리스트

1. 리스트 생성
2. 리스트 서브셋팅
3. 변수 타입 변환

벡터는 일차원 형태이며 구성 요소는 동일한 데이터 타입이다. 행렬은 동일한 데이터 유형의 벡터를 결합한 이차원 형태를 가진다. 그러므로 행렬의 구성 요소는 벡터처럼 동일한 데이터 유형이다. 데이터프레임은 행렬처럼 이차원 형태지만 결합되는 벡터가 동일한 데이터 유형이 아니어도 된다.

리스트(list)의 형태는 일차원이라고 하지만 엄밀하게는 그렇지 않다. 리스트의 각 구성 요소는 벡터, 행렬, 데이터프레임 그리고 리스트 중 하나가 될 수 있다. 그리고 각 구성 요소의 길이와 데이터 유형은 달라도 된다. 또한 구성 요소의 구성 요소는 또 다시 벡터, 행렬, 데이터프레임, 리스트 중 하나가 될 수 있다. 이런 맥락에서 리스트는 가장 복잡하고 탄력적인 객체라 할 수 있다. 리스트는 다음과 같이 정리할 수 있다.

- 객체들의 묶음
- 구성 요소의 데이터 유형, 길이, 크기는 달라도 됨.
- 벡터, 행렬, 데이터프레임, 리스트를 구성 요소로 포함할 수 있음
- 중첩 구조가 가능하여 복잡한 데이터 구조를 표현할 수 있음
- 이름을 가진 요소들로 구성할 수 있어 데이터 접근성이 높음

이러한 특성으로 인해 리스트는 복잡한 데이터 구조를 표현하거나, 다양한 형태의 결과를 하나의 객체로 반환해야 하는 함수에서 자주 사용된다. 그리고 리스트의 유연성은 R 프로그래밍에서 데이터 관리와 분석에 큰 장점을 제공한다. 리스트를 생성하는 방법을 알아보자.

1 리스트 생성

list()는 리스트를 생성하는 함수로, 그 정의는 표 5.1과 같다. 예를 통해 list() 함수의 활용을 자세히 살펴보자. 이 예에서는 3개의 벡터를 결합하여 리스트를 만드는데 각 벡터의 데이터 유형과 길이는 서로 다르고 이름은 없다.

표 5.1 list() 함수

함수	설명
list(x, y, …)	x, y, …: 벡터, 행렬, 데이터프레임 혹은 리스트

```
> x <- list(1, c('a', 'b'), 1:3)
> str(x)
## List of 3
##  $ : num 1
##  $ : chr [1:2] "a" "b"
##  $ : int [1:3] 1 2 3

> x
## [[1]]
## [1] 1
##
## [[2]]
## [1] "a" "b"
##
## [[3]]
## [1] 1 2 3

> mode(x)
## [1] "list"

> attributes(x)
## NULL

> typeof(x)
## [1] "list"

> class(x)
## [1] "list"
```

str(x)의 결과에서, x는 3개의 구성 요소를 가지는 리스트이고, 각 구성 요소는 숫자형, 문자형, 정수형 벡터임을 알 수 있다. 그리고 "$"가 하위 객체를 표현함을 알 수 있다. 또한 x의 첫째 구성 요소는 x[[1]]로 표현되고, 그 값은 1이다. x의 둘째 구성 요소는 x[[2]]로 표현되는 문자 벡터인데 값은 c("a", "b")이다. x의 셋째 구성 요소는 x[[3]]로 표현되는 숫자 벡터이며, 값은 c(1, 2, 3)이다. 여기에서 리스트는 구성 요소를 나타내기 위해 "[ ]" 대신 "[[ ]]"를 사용한다는 것을 알 수 있다. 모드, typeof는 데이터프레임과 같은 리스트이고 클래스도 리스트다. "[[ ]]"를 사용하여 리스트의 구성 요소를 확인해 보자.

```
> x[[1]]
## [1] 1

> x[[2]]
## [1] "a" "b"

> x[[3]]
## [1] 1 2 3

> class(x[[3]])  # 정수 벡터
## [1] "integer"
```

좀 더 복잡한 예제 리스트를 다루어 보자. mylist 리스트에는 세 개의 구성 요소가 있다. 첫째 구성 요소는 이름이 v인 리스트다. 이 구성 요소 v의 하위 구성 요소는 3개가 있는데 그것은 길이 1인 숫자 벡터, 길이 2인 문자 벡터, 길이 3인 정수 벡터다. mylist의 두 번째 구성 요소는 이름이 w인 길이가 4인 정수 벡터다. 그리고 세 번째 구성 요소는 이름이 m인 데이터프레임이다. 이 구성 요소 m의 하위 구성 요소는 변수 x, y이다.

```
> mylist <- list(v=x, w=2:5, m=data.frame(x=c(1, 2), y=c("F", "M")))
> str(mylist)
## List of 3
##  $ v:List of 3
##   ..$ : num 1
##   ..$ : chr [1:2] "a" "b"
##   ..$ : int [1:3] 1 2 3
##  $ w: int [1:4] 2 3 4 5
##  $ m:'data.frame':   2 obs. of  2 variables:
##   ..$ x: num [1:2] 1 2
##   ..$ y: Factor w/ 2 levels "F","M": 1 2

> mylist
## $v
## $v[[1]]
## [1] 1
##
## $v[[2]]
```

```
## [1] "a" "b"
##
## $v[[3]]
## [1] 1 2 3
##
##
## $w
## [1] 2 3 4 5
##
## $m
##   x y
## 1 1 F
## 2 2 M
```

여기에서 리스트의 하위 구성 요소를 나타낼 때 "$"를 사용하였다. 리스트의 하위 구성 요소를 나타낼 때 하위 구성 요소의 이름이 있으면 "$"를 사용하고 이름이 없으면 "[[ ]]"를 사용하는 것을 권장한다.

```
> mylist$v
## [[1]]
## [1] 1
##
## [[2]]
## [1] "a" "b"
##
## [[3]]
## [1] 1 2 3
```

리스트를 생성하는 또 다른 방법은 빈(empty) list를 생성한 후 구성 요소를 입력하여 리스트를 완성하는 것이다. 다음은 이름이 z인 빈 list를 만들고, 구성 요소 x, y를 입력한다.

```
> z <- list()  # =vector(mode='list'), 빈 리스트
> z[['x']] <- c('a','b')  # 구성 요소 x 입력
```

```
> z[['y']] <- c(100, 200, 300)  # 구성 요소 y 입력
> z
## $x
## [1] "a" "b"
##
## $y
## [1] 100 200 300
```

리스트의 구성 요소를 삭제할 때는 그 값을 NULL로 지정한다. 다음과 같이 두 번째 구성 요소 y를 삭제한다.

```
> z[[2]] <- NULL
> z
## $x
## [1] "a" "b"
```

리스트에 구성 요소를 추가할 수 있다.

```
>z <- list(z, t=10)
> str(z)
## List of 2
##  $  :List of 1
##   ..$ x: chr [1:2] "a" "b"
##  $ t: num 10
```

주의해야 할 사항은 z의 구성 요소는 세 개가 아니고 두 개라는 것이다. 첫 구성 요소는 이름이 없는 리스트이고, 두 번째는 이름이 t인 숫자 벡터이다.

2 리스트 서브셋팅

리스트에서 필요한 구성 요소를 선택하는 서브셋팅 연산자 "[", "[[", "$"에 대해 알아본다.

```
> b<-list(x=1,y=data.frame(x=c('a', 'b')), t=c(1, 2, 3))
> b
## $x
## [1] 1
##
## $y
##   x
## 1 a
## 2 b
##
## $t
## [1] 1 2 3
```

리스트에서 구성 요소를 선택할 때 "$", "[[", "["를 사용할 수 있다. 그리고 구성 요소 이름을 사용할 때 " "가 필요하다. 다음 예는 리스트 b에서 "$", "[[]]", "["를 사용하여 y 이름을 가진 구성 요소를 추출한다.

```
> b$y  # 데이터프레임
##   x
## 1 a
## 2 b

> b[2]  # 리스트
## $y
##   x
## 1 a
## 2 b

> b[[2]]  # 데이터프레임
##   x
## 1 a
## 2 b

> b["y"]  # 리스트
## $y
##   x
## 1 a
## 2 b
```

```
> b[["y"]]  # 데이터프레임
##   x
## 1 a
## 2 b

> b[[y]]
## Error: object 'y' not found

> b[y]
## Error: object 'y' not found
```

결과의 클래스는 무엇인지 명확하게 살펴보자.

```
> class(b$y)
## [1] "data.frame"

> class(b[2])
## [1] "list"

> class(b[[2]])
## [1] "data.frame"

> class(b["y"])
## [1] "list"

> class(b[["y"]])
## [1] "data.frame"
```

"$"와 "[["를 사용한 결과는 구성 요소의 형태인 데이터프레임이 보존되지만, "["을 사용하면 리스트가 된다. 즉 b$y, b[["y"]], b[[2]]의 결과는 data.frame(x=c('a', 'b'))이고, b[2]와 b["y"]의 결과는 list(y=data.frame(x=c('a', 'b')))이다. 이어지는 작업에 따라 적당한 것을 사용하면 된다. 그러나 대부분의 경우 구성 요소의 형태가 보존되는 "$"와 "[[]]"를 사용하는 것을 추천한다.

10 km 마라톤 경기에 Tom은 1회(54분), Mary는 2회(55분, 60분), Michael은 3회(49분, 51분, 47분) 출전하였다. 벡터, 행렬, 데이터프레임 그리고 리스트 중에서 이 기록을 저장할 수 있는 가장 적당한 객체는 무엇일까? 구성 요소의 길이가 다르므로 오

직 리스트만 가능하다.

```
> record <- list(Tom=54, Mary=c(55, 60), Michael=c(49, 51, 47))
> record
## $Tom
## [1] 54
##
## $Mary
## [1] 55 60
##
## $Michael
## [1] 49 51 47

> mean(record)  # 리스트의 평균을 구해본다.
## Warning in mean.default(record): argument is not numeric or logical:
## returning NA
## [1] NA
```

리스트에는 mean() 함수를 적용할 수 없지만, unlist() 함수를 통해 벡터로 변환한 후 mean() 함수를 적용할 수 있다.

```
> un_record <-unlist(record)
> un_record
##      tom    mary1    mary2 michael1 michael2 michael3
##       54       55       60       49       51       47

> class(un_record)
## [1] "numeric"
```

함수 unlist()는 리스트의 구성 요소를 일차원으로 풀어서 벡터를 만드는 함수이다. unlist()를 사용하여 만들어진 벡터의 구성 요소 이름은 원래의 이름에 “1”, “2”, …을 덧붙여서 만든다. 만약 모든 기록의 평균을 구하고 싶으면 unlist된 벡터에 mean() 함수를 적용하면 된다.

```
> mean(un_record)
## [1] 52.66667
```

사람별 평균은 다음과 같이 sapply() 혹은 반복문으로 구할 수 있는데 추후에 자세히 다루기로 한다.

```
> averages1 <- sapply(record, mean)
> averages2 <- list()
> for (name in names(record)) {
+   averages2[[name]] <- mean(record[[name]])
+ }
```

리스트의 구성 요소가 벡터가 아니고 데이터프레임이나 리스트일 때 unlist 결과는 어떻게 될까? 벡터로 변환시킬 수 있을까? 다음과 같이 벡터로 강제변환되는 것을 확인할 수 있다.

```
> r <- list(x=1, y=data.frame(x=c('a', 'b'),y=c(1, 2)), t=list(1, "yes", 3))
> unlist(r)
##     x  y.x1  y.x2  y.y1  y.y2  t1    t2     t3
##   "1"   "a"   "b"   "1"   "2"  "1" "yes"   "3"
```

unlist(r) 결과로 만들어진 벡터의 구성 요소 이름 y.x2는 리스트 구성 요소 y의 하위 구성 요소 x의 두 번째라는 의미다.

3 변수 타입 변환

변수의 타입을 판별하고 변환할 수 있는 함수에 대해 알아본다.

1) is_type

is_type() 형태의 함수는 변수 타입을 판별한다(표 5.2). 다음과 같이 객체를 생성하여 타입을 확인할 수 있다.

표 5.2 데이터 유형에 관한 함수

함수	설명
class(x)	객체 x의 클래스
str(x)	객체 x의 구조
is.factor(x)	객체 x가 요인형인가?
is.numeric(x)	객체 x가 숫자인가?
is.character(x)	객체 x가 문자열인가?
is.matrix(x)	객체 x가 행렬인가?
is.array(x)	객체 x가 배열인가?
is.data.frame(x)	객체 x가 데이터프레임인가?

```
> x <- c(1, 2)
> is.numeric(x)
## [1] TRUE

> is.character(x)
## [1] FALSE
```

2) as_type

as_type() 형태의 함수는 변수 타입을 변환한다(표 5.3). 다음과 같이 문자형 벡터를 요인형으로 변환할 수 있다.

```
> x <- c("a", "b", "c")
> is.factor(x)
## [1] FALSE
```

표 5.3 데이터 변환에 관한 함수

함수	설명
as.factor(x)	객체 x를 요인형으로 변환
as.numeric(x)	객체 x를 숫자로 변환
as.character(x)	객체 x를 문자열로 변환
as.matrix(x)	객체 x를 행렬로 변환
as.array(x)	객체 x를 배열로 변환
as.data.frame(x)	객체 x를 데이터프레임으로 변환

다음 예에서는 x를 요인형으로 변환하였다.

```
> x <- as.factor(x)
> is.factor(x)
## [1] TRUE

>x
## [1] a b c
## Levels: a b c
```

연습문제

pts <- list(x=cars[,1], y=cars[,2])일 때 1~5번 문제에 답하시오. 여기에서 cars는 내장 데이터이다.

1 pts의 구성 요소는 몇 개인가?

2 pts의 첫 번째 구성 요소의 세 번째 값을 추출하시오.

3 pts의 x 변수의 평균을 구하시오.

4 pts의 두 번째 구성 요소의 마지막 5개 값은? 이것의 형태는 무엇인가?

5 pts의 첫 번째 구성 요소를 리스트 형태로 선택하시오.

n <- c(2, 3, 5); s <- c("aa", "bb", "cc", "dd", "ee"); b <- c(TRUE, FALSE, TRUE, FALSE, FALSE); x <- list(n, s, b, 3)일 때 6~10번 문제에 답하시오.

6 x[2]는? 형태는 리스트인가 벡터인가?

7 x[c(2, 4)] 는? 형태는 리스트인가 벡터인가?

8 x[[2]]는? 형태는 리스트인가 벡터인가?

9 x[[2]][1] <- "ta" ; x[[2]]는?

10 x$b의 결과는?

11 list(letters, LETTERS, month.abb, month.name)의 결과를 보고 letters, LETTERS, month.abb, month.name이 무엇인지 설명하시오.

12 다음의 표는 객체 서브셋팅의 결과를 입력 형태를 보존하는 방법과 단순화하는 방법을 정리한 표다. 데이터를 만들어 표의 내용을 확인하시오. 예를 들어 x=c(1, 2, 3); x[[1]]; x[1]; x$2의 결과를 표와 비교하면서 확인하는 것이다. 단순화는 결과를 가장 단순하게 표시할 수 있는 형태 즉 구성 원소의 형태를 말한다. 행렬의 한 행의 형태 보존은 행렬을 뜻하지만, 단순화는 행렬의 원소인 벡터를 의미한다.

	단순화	x 형태 보존	$ 사용
벡터	x[1]	x[1]	사용 불가
리스트	x[[1]]	x[1]	단순화
배열	x[1,] 혹은 x[, 1]	x[, 1, dorp=F]	사용 불가
데이터프레임	x[1,] 혹은 x[[1]]	x[1] 혹은 x[, 1, dorp=F]	단순화

자료: *Wickham*, 2015, pp. 41

제 6 장

조건문

5장까지는 R의 기본적인 객체인 벡터, 행렬, 데이터프레임, 리스트에 대해 알아보았다. 이제 R 프로그래밍을 위한 기본적인 준비를 해 보자. 이 장에서는 먼저 조건문에 대해 알아볼 것이다. 성적이 60점 이상이면 합격, 그렇지 않으면 불합격으로 결정을 내리는 경우처럼 조건에 따라 결정을 내리는 문장을 조건문이라 한다. 조건문에는 if 문장과 switch 문장이 있다.

1 if-else 문

위에서 언급한 것처럼 조건에 따라 다른 일을 수행하는 조건문을 실행하기 위해 프로그래밍에서는 if 문을 가장 많이 사용한다. if 문 형식은 다음과 같다.

- if(조건식) 문장: 조건식이 참인 경우 문장을 실행. 조건식은 비교식 혹은 논리식 사용.
- if(조건식) {문장 1} else {문장 2}: 조건식이 참인 경우 문장 1 실행, 아니면 문장 2 실행.

다시 요약해서 설명하면, if 문은 조건식이 참인 경우 문장을 실행하는 것이며, "if(조건식)"과 문장이 한 줄에 있어도 되고 두 줄에 걸쳐 있어도 된다. if 문은 "if(조건식)"과 그다음 문장 한 개까지를 포함한다.

문장은 단일 작업을 처리할 수도 있고 다중 처리를 할 수도 있다. 만약 다중 작업을 요구한다면 중괄호 블록(중괄호 { })으로 묶어서 사용한다. 블록 안에 문장이 여러 개 있어도 하나의 문장으로 취급된다.

if-else 문은 조건식이 참이면 문장 1을, 거짓이면 문장 2를 실행하는 것이다. 여기서 else와 if는 연결되도록 위치해야 한다.

다음 예는 x가 2 이상일 때, "x는 2 이상"을 출력한다.

```
> x <- 5
> if(x>=2)
```

```
+   print("x는 2 이상")
## [1] "x는 2 이상"
```

조건식이 참이므로 문장을 실행하여 "x는 2 이상"을 출력하여 원하는 결과를 얻었다. 만약 여기에서 "> if(x>=2)" 다음에 엔터키를 치면 "+"로 다음 명령을 기다린다. 이를 통해 "if(조건식)"은 미완성 문장이라는 것을 알 수 있다. 세미콜론(";")을 사용하면 여러 명령어를 하나의 문장에 쓸 수 있으니 다음과 같이 쓸 수 있다.

```
> x <- 5
> if(x>=2) ; print("x는 2 이상")
## Error:: 예기치 않은 ';'입니다 in "if(x>=2) ;"
```

"if(조건식)"은 미완성 문장이므로 참일 때 실행할 문장이 같이 사용되어야 하기 때문에 "if(x>=2) ;"에서 오류가 발생하였다.

```
> x <- 5
> if(x>=2)   print("x는 2 이상")
## [1] "x는 2 이상"
```

참이 아닐 때는 다음과 같은 결과를 보인다.

```
> x <- 1
> if(x>=2)   print("x는 2 이상")
```

조건식이 참이 아니므로 결과가 없다. 다음의 결과를 보자.

```
> x <- 1
> if(x>=2)
   print("x는 2 이상")
   print("Hello")
## [1] "Hello"
```

들여쓰기가 if 문의 연장을 의미하는 것은 아니다. { } 가 없으면 if 문장은 "if(조건식)"과 그다음 문장까지다. if(조건식)이 거짓이니 그다음 문장 print("x는 2 이상")는 실행되지 않고 print("Hello")가 실행된다.

조건식이 참일 때 실행되는 문장이 2개 이상이면 그 문장들을 중괄호 { }로 묶어야 한다.

```
> x <- 5
> if(x>=2) {
+   print("x는 2 이상")
+         print("Hello") }
## [1] "x는 2 이상"
## [1] "Hello"
```

조건식이 참이므로 두 개의 문장이 모두 실행된다. 공간을 줄이기 위해 다음과 같이 쓸 수도 있다.

```
> if(x>=2) { print("x는 2 이상") ;  print("Hello") }
```

조건식이 참이면 그다음 문장을 실행하고, 거짓이면 아무것도 실행하지 않고 다음 문장으로 진행되는 것을 알아보았다. "if(성적>=60) print("합격")" 문장은 성적이 90점이면 합격이지만, 50점이면 아무런 결론이 없는 상태가 된다. "성적이 60 이상이면 합격, 그렇지 않으면 불합격"으로 출력을 하기 위해서는 조건식이 거짓일 때도 실행되는 문장을 아래와 같이 작성해야 한다. 현재 이 학생의 성적 80점을 변수 x에 저장한다.

```
> x <- 80
+ if(x>=60)
+         print("합격")
+ else
+         print("불합격")
## Error: <text>:4:1: 예기치 않은 'else'입니다
## 3:         print("합격")
```

```
## 4: else
##    ^
```

프로그램 작성에 문제가 없는 것 같은데 오류가 발생하였다. 앞에서 "if 문장은 if(조건식)과 그다음 문장까지"라고 하였다. 그러니까 위 프로그램에서는 "if(x>=60) print("합격")"이 if 문장이다. 여기까지 if가 영향을 미친다는 뜻이다. 그러므로 그다음의 else는 if와 관계없는 독립적인 문장이 된다. 그런데 if가 없는 else는 아무 의미가 없다. 즉, else는 if와 연결되어 있어야 제 기능을 할 수 있다는 뜻이다. 그러므로 else는 if와 다음과 같이 연결되어 있어야 한다.

```
+ if(x>=60)
+   print("합격") ; else ;
+   print("불합격")
## Error: <text>:3:25: 예기치 않은 'else'입니다
## 2: if(x>=60)
## 3:          print("합격") ; else
##                           ^
```

오류를 수정하기 위해 else 위치를 변경했음에도 앞에서와 같은 오류 메시지가 나온다. 그 이유는 세미콜론을 사용했기 때문이다. else 앞의 세미콜론으로 인해 "if(x>=60) print("합격") ;"까지 if 문장으로 인식되므로 else는 if 없이 사용된 것이다. 그러니 else가 if와 연결되기 위해서 else 앞의 세미콜론을 삭제해야 한다.

```
+ if(x>=60)
+   print("합격")  else ;
+   print("불합격")
## Error: <text>:3:29: 예기치 않은 ';'입니다
## 2: if(x>=60)
## 3:          print("합격")  else ;
##                               ^
```

또 다른 오류를 만났다. else도 "if(조건식)"처럼 그 자체만으로는 불완전하기 때문에 else 다음에 실행해야 할 문장이 있어야 하므로 else 다음에 세미콜론을 사용하면 안 된다. 이제 오류 없는 프로그램을 완성할 수 있다.

```
> if(x>=60)
+   print("합격") else
+   print("불합격")
## [1] "합격"
```

혹은 다음과 같이 한 줄에 한 문장으로 쓸 수 있다.

```
> if(x>=60) print("합격") else print("불합격")
## [1] "합격"
```

조건이 참일 때와 거짓일 때 실행해야 할 문장이 각각 두 개씩인 예를 들어 보자. x가 5 이상이면 "fine"을 출력하고, x=x+1을 실행하며, 그렇지 않으면 "not good"을 출력한 후, x=x-1을 실행하고 싶다.

```
> x <- 3
> if(x>=5) {print("fine"); x<-x+1} else {print("not good"); x<-x-1}
## [1] "not good"

> x
##[1] 2
```

이 예에서 중괄호({ })와 세미콜론이 사용되었다. 기본적으로는 문장은 세미콜론으로 구분하는데, 이 프로그램의 구조는 "if() { } else { }"으로, 세미콜론이 없다. { } 안에 있는 세미콜론은 그 안에서만 사용되는 것으로 전체적인 흐름과는 관련이 없는 것으로 이해하면 된다. 다음과 같이 줄을 바꾸면 어떻게 될까?

```
> if(x>=5)  {print("fine"); x <- x+1}
+ else {print("not good"); x <- x-1}
## Error: <text>:3:1: 예기치 않은 'else'입니다
## 2: if(x>=5)  {print("fine"); x <- x+1}
```

```
## 3: else
##     ^
```

{ } 안에 문장이 여러 개 있어도, { }을 하나의 문장으로 파악한다. 그러니까 앞서 설명한 것과 같이 else는 if와 연결되어 있지 않아 오류가 발생한다. 그러므로 다음과 같이 쓰는 것이 표준이다. 즉, else와 if가 연결되어 있음을 보여야 한다.

```
> if(x>=5) {
+   print("fine"); x <- x+1
+ } else {
+     print("not good"); x <- x-1}
## [1] "not good"
```

"성적≥90"이면 "A", "80≤성적〈90"이면 "B", "70≤성적〈80"이면 "C", "60≤성적〈70"이면 "D", 나머지는"F"를 출력하는 프로그램을 작성할 수 있을까? 앞에서 배운 if-else문은 "~ 이면 …, ~ 아니면 …"처럼 두 가지 경우에 대한 것이기 때문에 이를 이용하여 세 가지 이상의 경우를 작성하면 프로그램이 복잡해진다. 이를 간단히 해결하는 방법을 알아보자.

2 if-else if-else 문

If-else if-else 문의 형식과 내용은 아래와 같다.

```
if (조건문 1) { 문장 1
 } else if (조건문 2) { 문장 2
 } else if (조건문 3) { 문장 3
 } ..
...
 } else { 문장 n}
문장 m
```

프로그램이 실행되는 과정은 다음과 같다. 조건문 1이 참이면 문장 1을 실행하고 문장 m으로 이동한다. 조건문 1이 참이 아니고, 조건문 2가 참이면 문장 2를 실행하고 문장 m으로 이동한다. 조건문 1과 2가 참이 아니고, 조건문 3이 참이면 문장 3을 실행하고 문장 m으로 이동한다. … 조건문 1, 2, …, (n-1)이 모두 참이 아니면 문장 n을 실행하고 문장 m으로 이동한다.

앞에서 언급한, 성적을 A~D 및 F로 출력하는 프로그램을 작성해 보자.

```
> x <- 88
> if(x>=90) { print("A")
+ }else if (x>=80) {print("B")
+ }else if (x>=70) {print("C")
+ }else if (x>=60) {print("D")
+ }else print("F")
## [1] "B"
```

실행되는 문장을 추가하는 예를 보이기 위해 “best”, “good”, “fair”, “bad” 그리고 “worst”를 추가 출력한다.

```
> x <- 88
> if(x>=90) { print("A") ; print("best")
+ }else if (x>=80) {print("B"); print("good")
+ }else if (x>=70) {print("C") ; print("fair")
+ }else if (x>=60) {print("D") ;print("bad")
+ }else { print("F"); print("worst")}
## [1] "B"
## [1] "good"
```

여기에서 주의할 사항은 88은 60 이상, 70 이상, 80 이상이라는 조건을 모두 만족하지만 실행되는 문장은 처음으로 만나는 참인 조건에 의한 것이다. 하나의 예를 더 알아보자. x가 3 미만이면 “x is less than 3”, 6보다 크면 “x is greater than 6”를 출력하고 나머지는 “x is between 3 and 6”을 프린트하는 프로그램을 작성하면 다음과 같다.

```
> x <- 5
> if(x<3) {
+   print("x is less than 3")
+ }else if(x>6){
+  print("x is greater than 6")
+ }else{
+   print("x is between 3 and 6")
+ }
## [1] "x between 3 and 6"
```

조건문에 비교식(비교연산자를 사용한 식)이 있는 것에 대한 것을 알아보았고, 논리식(여러 개의 비교식이 논리연산자로 결합된 식)이 있는 조건문에 대해서도 알아보자. (x<3 & y>5)이면 1, (x>6 | y>5)이면 2, (x>3 & y>5)이면 3, 나머지는 4를 프린트하는 프로그램을 작성해 보자. x=5, y=8일 때의 결과는 무엇인가? (x>6 | y>5)와 (x>3 & y>5) 모두 만족하지만 먼저 만족하는 조건에 의한 값이 출력된다.

```
> x <- 5
> y <- 8
> if (x<3 & y>5) {
+   print(1)
+ }else if(x>6 | y>5){
+  print(2)
+ }else if (x<3 & y<5){
+   print(3)
+ }else{
+   print(4)
+ }
## [1] 2
```

3 ifelse 문

5명의 성적 x=c(90, 50, 85, 100, 70)에서 80 이상이면 "pass"를 아니면 "fail" 값을 가지는 벡터 y를 만들고 싶다. 앞에서 배운 if 문으로 시도해 보자.

```
> x <- c(90, 50, 85, 100, 70)
> if(x>=80) y <- "pass" else y <- "fail"
## Error in if(x>=80) y <- "pass" else y <- "fail" : the condition has length > 1
```

오류 메시지에서 알 수 있듯이 if 문의 조건식에서는 한 개의 값(스칼라)만 비교할 수 있다. 이러한 문제를 해결하기 위해 각 성적을 비교하는 프로그램을 다음과 같이 작성하였다.

```
> y <- numeric(5)  # 원소가 5개인 숫자형 빈 벡터
> x <- 90
> if(x>=80) y[1]="pass" else y[1]="fail"
> x <- 50
> if(x>=80) y[2]="pass" else y[2]="fail"
> x <- 85
> if(x>=80) y[3]="pass" else y[3]="fail"
> x <- 100
> if(x>=80) y[4]="pass" else y[4]="fail"
> x <- 70
> if(x>=80) y[5]="pass" else y[5]="fail"
> y
## [1] "pass" "fail" "pass" "pass" "fail"
```

이렇게 원하는 결과를 만들었다고 만족할 수 있을까? 학생이 100명 혹은 500명이 되면 프로그램이 너무 길어질 수 있다. 추후에 다룰 반복문을 사용하면 프로그램을 짧게 만들 수 있다. 그러나 벡터화 연산을 사용하면 계산시간을 절약할 수 있고 프로그램이 단순하게 표현되어 이해하기 쉬우므로 가능하면 벡터화 연산을 권장한다.

위의 문제에 대한 답은 if-else를 벡터화 연산하는 ifelse 문이다. 이 함수의 형식은

표 6.1 ifelse 문

명령어	설명
ifelse(x,y,z)	x: 조건식 y: x가 참일 때 가지는 값의 벡터 z: x가 거짓일 때 가지는 값의 벡터 y와 z가 x의 길이와 다르면 재활용하며, 조건식의 모든 구성 요소 값을 계산하여 대응되는 y 혹은 z의 구성요소 값을 반환한다.

표 6.1과 같다.

앞의 문제를 ifelse 문으로 다음과 같이 해결할 수 있다.

```
> x <- c(90, 50, 85, 100, 70)
> y <- ifelse(x>=80, c("pass", "pass", "pass", "pass", "pass"),
+                    c("fail", "fail", "fail", "fail", "fail"))
> y
## [1] "pass" "fail" "pass" "pass" "fail"
```

ifelse 문의 연산 과정은 살펴보자. 먼저 조건식 "x>=80"은 어떻게 연산되고 그 결과가 무엇인가? x와 80의 길이가 다르므로 80을 재활용하여 x>=80은 x>=c(80, 80, 80, 80, 80)이고 결과는 c(TRUE, FALSE, TRUE, TRUE, FALSE)다. 그리고 결과가 TRUE면 "pass", FALSE면 "fail"을 출력(반환)한다. 이해를 돕기 위해 하나의 예를 더 보자. x <- c(1, 2, 3, 4)에서 3 이상이면 100, 아니면 0을 출력한다.

```
> x<-c(1, 2, 3, 4)
> ifelse(x>=3, 100, 0)
## [1]   0   0 100 100
```

반환되는 값 100과 0의 길이는 1이므로 조건식의 길이 4보다 작기 때문에 재활용되어 c(100, 100, 100, 100), c(0, 0, 0, 0)이 된다. 그리고 조건식이 c(FALSE, FALSE, TRUE, TRUE)이므로 FALSE는 0, TRUE는 100을 출력한다.

다음 코드의 결과를 예상하고, 직접 실행한 결과와 비교해 보자.

```
>ifelse(x>=3, c(100,10), c(0,1))
## [1]  0  1  100  10
> ifelse(x>=3, 2*x, x/2)
## [1]  0.5  1.0  6.0  8.0
```

x는 c(1, 2, 3, 4) 벡터다. 2*x는 c(2, 4, 6, 8)이고 x/2는 c(0.5, 1, 1.5, 2)이다. 그리고 조건식은 c(FALSE, FALSE, TRUE, TRUE)이다. 따라서 첫 번째와 두 번째가 FALSE가 되어 0.5와 1이, 세 번째와 네 번째가 TRUE이니까 6과 8이 출력된다. 여기에서 주의해야 할 사항은 x는 변하지 않고 결과를 x로 할당하면 당연히 x가 변경된다.

주어진 벡터의 절댓값을 구하는 ifelse 문을 작성해 보자.

```
> x <-  -3 : 3
> y <- ifelse(x>=0, x, -x)
> y
## [1] 3 2 1 0 1 2 3
```

5명의 성적 x의 평점을 ifelse 문으로 구하면 다음과 같다.

```
> x <- c(90, 50, 85, 100, 70)
> ifelse(x>=90, 'A', ifelse(x>=80, 'B', ifelse(x>=70, 'C', ifelse(x>=60, 'D', 'F'))))
## [1] "A" "F" "B" "A" "C"
```

ifelse 문과, "[" 그리고 dplyr::if_else()를 사용할 때 소요되는 시간을 각각 비교하고 싶다. 구간 (30, 99)에서 임의로 추출된 난수(random number) 100,000개 중에서 40 이상이면 "pass"를 그렇지 않으면 "fail"을 가지는 변수를 만드는 데 소요되는 시간을 비교해 보자.

```
> marks = runif(n = 10e6, min = 30, max = 99)
> system.time({
+   result1 = ifelse(marks >= 40, "pass", "fail " )
+ })
```

```
##     user  system elapsed
##     2.80    0.23    3.03

> system.time({
+   result2 = rep("fail", length(marks))  # 모두 fail로 채워놓고
+   result2[marks >= 40] = "pass"
+ })
##     user  system elapsed
##     0.08    0.07    0.14

> system.time({
+   result3 = dplyr::if_else(marks >= 40, "pass", "fail")
+ })
##     user  system elapsed
##     0.58    0.24    1.22
```

이 결과를 통해 ifelse 문은 사용하기는 편하지만 시간이 많이 소요된다는 것을 알 수 있다. 이를 보완하기 위해 dplyr 패키지의 if_else() 함수를 사용할 수 있지만 "["를 사용하는 것이 계산시간 관점에서는 최선이다.

4 switch() 함수

switch() 함수는 if 문과 같이 조건에 따라 값을 다르게 갖게 하는 역할을 한다. 기본적인 형태는 표 6.2와 같다.

먼저 객체 번호를 이용하는 경우를 살펴보자. 그 번호는 선택지에서 몇 번째 값을 반환할 것인가를 알려주는 역할을 한다. 다음의 예는 y1~y4가 "a", 1:3, TRUE, "out"인 switch() 함수다.

표 6.2 switch() 함수

명령어	설명
switch(x, y1, y2, …, yn, default=z)	x: 선택할 객체 번호 혹은 이름 y1~yn: 순서 혹은 이름에 의해 반환되는 값, 선택지 z: x에 해당하는 객체가 선택지 y1~yn에 없을 때 반환하는 값

```
> switch(2, "a", 1:3, TRUE, "out")  # 2번째 값
## [1] 1 2 3

> switch(3, "a", 1:3, TRUE, "out")
## [1] TRUE

> switch(5, "a", 1:3, TRUE, "out")  # 4 초과는 출력 없음
```

선택지 "a", 1:3, TRUE, "out" 중 2번째 1:3이 출력되고, 1번째 "a"가 출력된다. 값 5에 대응되는 값이 없으니 출력이 없다.

아래의 프로그램에는 선택지에 있는 구성 요소는 세 개가 아니라 한 개다. 반환하고자 하는 번호가 1이므로 첫째 구성 요소 리스트가 출력된다. 번호 2는 반환할 수 있는 값이 없으므로 아무 출력이 없다.

```
> switch(1, list("a", 1:3, TRUE))
## [[1]]
## [1] "a"
##
## [[2]]
## [1] 1 2 3
##
## [[3]]
## [1] TRUE
```

선택지가 1개뿐이므로 출력이 없다.

```
> switch(2, list("a", 1:3, TRUE))
```

선택지에 2개 있으므로 2번째 99가 출력된다.

```
> switch(2, list("a", 1:3, TRUE), 99)
## [1] 99
```

선택지에 3개 있으므로 3번째 100이 출력된다.

```
> switch(3, list("a", 1:3, TRUE), 99, default=100)
## [1] 100
```

이름(문자)으로 선택하려면 선택되는 객체에 대응되는 이름이 있어야 한다. 다음의 예를 통해 살펴보자.

```
> switch(1, x="a", y=1:3, z=TRUE, default="yes")  # 첫 번째
##[1] "a"

> switch("x", x="a", y=1:3, z=TRUE, default="yes")  # 이름 x
## [1] "a"

> switch("z", x="a", y=1:3, z=TRUE, default="yes")
## [1] TRUE
```

선택지에 대응되는 이름이 없으면 출력이 없지만 이름이 없는 값이 선택지에도 있으면 그 값이 출력된다.

```
> switch("a", x="a", y=1:3, z=TRUE, "yes")
##[1] "yes"

> switch("b", x="a", y=1:3, z=TRUE, "yes")
##[1] "yes"
```

default는 기본값을 의미하는 것이 아니고 객체 이름을 의미한다. .

```
> switch("a", x="a", y=1:3, z=TRUE, default="yes")
> switch("a", x="a", 1:3, z=TRUE, default="yes")  # 대응되는 이름 없음
##[1] 1 2 3

> switch("b", x="a", y=1:3, z=TRUE, default="yes")  # 대응되는 이름 없음
> switch("default", x="a", y=1:3, z=TRUE, default="yes")
##[1] "yes"
```

연습문제

1 if-else 문을 사용하여 x가 양수면 음수로 출력하고, 음수이면 그대로 출력하는 조건문을 만드시오.

2 x에 5부터 -5까지 벡터를 저장하고 ifelse 문을 이용하여 x의 절댓값를 구하시오.

3 x가 2의 배수이면 1, 3의 배수이면 2, 5의 배수이면 3, 그 외는 100을 출력하고자 한다.
1) ifelse 문으로 작성하시오. 2) if-else if-else 문으로 작성하시오.

4 벡터 x의 구성 요소 값이 5의 배수이면 1로, 그렇지 않으면 2로 변경하고자 한다.
1) ifelse 문으로 작성하시오. 2) if-else if-else 문으로 작성하시오.

5 학점 "A"는 95, "B"는 85, "C"는 75, 그 외는 60점을 출력하는 프로그램을 작성하고자 한다(즉, 입력이 "A"이면 출력이 95, "B"이면 출력이 85이다).
1) ifelse 문으로 작성하시오. 2) if-else if-else 문으로 작성하시오.

6 x가 0 또는 1이면 y는 0, x가 2 또는 3이면 y는 1, 그 외의 경우에는 y는 2가 되는 프로그램을 작성하시오.

7 x <- 2 ; switch(ifelse(x>0, 1, 2), 10, 20, 30, 40)의 결과는?

8 x <- 2 ; switch(ifelse(x>0, 'a', 'b'), b=10, a=20, c=30, 40)의 결과는?

9 균등분포 U(0,1)에서 10만 개의 난수를 생성하여, 10만 개 중 0.1과 0.9 사이에 있는 것의 비율을 구하고자 한다.
1) dplyr::if_else()으로 작성하시오.
2) "["를 사용하여 작성하시오.

10 균등분포 U(0,1)에서 2개의 난수를 생성하여 그 차이가 0.5 이하이면 1, 아니면 0을 부여한다. 이 실험을 100번 반복할 때 1은 몇 개인가? set.seed(1)을 사용하시오.

제 7 장

반복문

1. for 문
2. while 문
3. repeat 문

같은 처리 과정을 여러 번 되풀이하는 작업은 반복문을 사용하면 계산시간을 절약할 수 있다. 또한 반복문을 사용한 프로그램은 코드가 간결해져 사용자가 이해하기 쉽고, 수정 및 보완이 용이하다. 이 장에서는 반복문에 사용되는 for 문, while 문, repeat 문에 대해 알아본다.

1 for 문

for 문은 문장을 정해진 횟수만큼 반복 실행하는 대표적인 반복문이다. for 문의 문법은 다음과 같다.

for (a in x) {문장}

- x: 객체(주로 벡터).
- a가 x의 각 구성 요소값을 차례로 가지면서 {문장}을 실행.
  첫 번째 반복에는 a=x[1], 두 번째 반복에는 a=x[2], …, 마지막에는 a=x[length(x)] 값으로 {문장}을 실행한다.
- 문장이 { }로 묶여있지 않으면 바로 다음 하나의 문장만 for 문과 연결되어 반복된다.

다음의 예를 통해 간단한 for 문을 살펴보자.

```
> x <- c(1, 3, 5)
> for(a in x)  print(a)
## [1] 1
## [1] 3
## [1] 5
```

print(a) 문장이 3번 실행되었다. 각 반복 실행에서 1, 3, 5 값을 차례대로 가지는 a를 프린트한다. 같은 프로그램을 다음과 같이 작성할 수도 있다.

```
> for(a in c(1,3,5) ){ print(a) }
```

"Hello"를 세 번 출력하는 예는 다음과 같다. 즉, 변수 a가 문장에서 사용되지 않더라도 문장은 c(1, 3, 5)의 길이만큼 반복 3번 실행된다.

```
> for(a in c(1, 3, 5)) print("Hello")
## [1] "Hello"
## [1] "Hello"
## [1] "Hello"
```

for 문 다음의 문장 print("Hello")가 다음 줄에 있어도 for 문과 연결되어 반복된다.

```
> for(a in c(1, 3, 5))
+ print("Hello")
+ print("Who are you?")
## [1] "Hello"
## [1] "Hello"
## [1] "Hello"
## [1] "Who are you?"
```

for 문 바로 다음의 문장 print("Hello")만 for 문과 연결되어 반복되고 그다음의 문장은 for 문과 관련 없는 문장이다. 다음과 같이 같은 줄에 2개의 문장이 있어도 세미콜론(";")으로 문장이 구분되어 for 문과 연결되는 문장은 for 문 바로 다음의 문장 print("Hello")다.

```
> for(a in  c(1, 3, 5))
+ print("Hello") ; print("Who are you?")
## [1] "Hello"
## [1] "Hello"
## [1] "Hello"
## [1] "Who are you?"
```

연습을 위해 1+2+3+...+10을 계산하는 프로그램을 반복문으로 작성해 보자.

```
> y<-0
> for(x in 1:10){ y<-y+x }
> y
## [1] 55
```

이 예에서 더하기를 진행하면서 합이 30 이상 되면 더하기를 중단하고(반복문 중단) 그때까지의 합을 출력하는 프로그램을 작성하면 다음과 같다.

```
> y<-0
> for(x in 1:10){    # for 문으로 실행되는 문장을 { }로 묶음
+       y<-y+x
+       if (y >=30) {print(y) ; break}
+ }
## [1] 36
```

여기에서 사용된 break는 반복문을 종료하는 역할을 한다.

1:10 중에서 짝수는 "짝수입니다"를 출력하고 홀수는 그 값을 출력하는 프로그램은 다음과 같다.

```
> for (n in 1:10) {
+      if (n %% 2 == 0) {cat(n, "은 짝수입니다 \n")  # '\n'은 줄 바꿈
+      } else {
+      print(n) }
+ }
## [1] 1
## 2 은 짝수입니다
## [1] 3
## 4 은 짝수입니다
## [1] 5
## 6 은 짝수입니다
## [1] 7
## 8 은 짝수입니다
## [1] 9
## 10 은 짝수입니다
```

현재 수행 중인 반복 수행을 중단하고 다음 반복으로 넘어가려면 next를 사용한다. next 대신 continue를 사용하는 프로그램도 있다. 다음의 예에 next의 사용을 나타내었다.

```
> for (n in 1:10) {
+     if (n %% 2 == 0) {cat(n, "은 짝수입니다 \n") ; next}
+      print(n)
+     }
## [1] 1
## 2 은 짝수입니다
## [1] 3
## 4 은 짝수입니다
…
## [1] 9
## 10 은 짝수입니다
next가 없으면 다음과 같이 출력된다.
## [1] 1
##2 은 짝수입니다
## [1] 2
## [1] 3
…
## [1] 9
##10 은 짝수입니다
## [1] 10
```

다음의 예를 통해 다시 한번 더 살펴보자.

```
> x <- c(3, 5 ,9)
> y <- 0
> z <- 0
> for (a in x) {
+     if (a <= 3 )  { y<- y+1 ; z <- z+1; next}  # a=3일 때 실행 후 for로 이동
+     if (a <= 4 )  { y<- y+2 ; z <- z-2 }  # 여기에 해당하는 a는 없음
+     print(a)
+   }
## [1] 5
## [1] 9
```

```
> print(y)
## [1] 1

> print(z)
## [1] 1

> x <- c(3,5,9)
> y <- 0
> for (a in x) {
+       if (a <= 3 )  { y<- y+100 ; print(y); next}
+       if (a <= 5 )  { y<- y+200 ; print(y)}
+       print(a)
+      }
##[1] 100
##[1] 300
##[1] 5
##[1] 9
```

다음을 통해 break와 next의 차이를 비교하여 살펴볼 수 있다.

```
> x <- c(3, 5, 9)
> y <- 0
> for (a in x) {
+       if (a <= 3 )  { y<- y+100 ; print(y); break}
+       if (a <= 5 )  { y<- y+200 ; print(y)}
+       print(a)
+      }
##[1] 100

> a
##[1] 3
```

2 while 문

for 문은 반복 횟수가 주어지는 반면 while 문은 조건식이 참이면 (거짓이 될 때까지)

문장을 계속 반복하여 실행하는 구조다. 문법은 다음과 같다.

while (조건식) {문장}

- 조건식이 참이면 {문장}을 반복 실행.

횟수가 정해진 반복을 실행할 때는 for 문을, 조건이 성립하는 동안 계속 반복할 때는 while 문을 사용하는데 while 문은 조건식이 참이면 블록 안의 문장을 계속 반복하므로 조건식이 거짓이 되지 않으면 무한 반복하게 된다. 그러므로 반복을 멈출 수 있게 만들어야 한다. 조건식이 거짓이 되게 하거나, break를 사용하여 반복을 멈춘다.

다음 while 문은 "x==0" 조건을 만족하면 x에 1을 계속 더하는 예이다. 문장을 한 번 반복함으로써 x=1이 되어 조건문을 만족하지 못하므로 while 문을 빠져나온다.

```
> x <- 0
> while(x==0){
+      x<- x+1
+ }
> x
## [1] 1
```

다음의 예는 y가 5 이상이 되면 x를 1로 변경해서 while 문을 빠져나오게 한다. y가 5가 되어 반복문을 빠져나왔으니 x는 1, y는 5가 된다.

```
> x<-0; y <- 0;
> while(x==0){
+   y <- y+1
+   if (y >= 5) x <- x+1
+ }
> x; y
## [1] 1
## [1] 5
```

"for (n in 1:10) {문장}"은 n=1로 {문장} 실행, n=2로 {문장} 실행, …, n=10으로

{문장}을 실행한다. 이것을 while 문으로 나타내면 다음과 같다.

```
> n <- 1
> while( n<=10 ) {
+    {문장}
+    n <- n+1
+ }
```

for 문과 마찬가지로 n=1로 {문장} 실행, n=2로 {문장} 실행, …, n=10으로 {문장}을 실행했다. 그런데 반복을 모두 마쳤을 때 n이 for 문에서는 10이지만 위의 while 문에서는 11이다. 마지막으로 n=10으로 {문장}을 실행한 후 n=11이 되어 while 문을 마치기 때문이다. 아래와 같이 쓰면 for 문 같이 반복을 모두 마쳤을 때 n이 10이 된다.

```
> n <- 0
> while( n < 10 ) {
+  n <- n+1
+  {문장}
+ }
```

앞서 for 문에서 만들었던, "1:10에서 짝수는 "짝수입니다"를 출력하고 홀수는 그 값을 출력하는 프로그램"을 while 문으로 만들어보자.

```
> n <- 0
> while( n<10 ) {
+   n <- n+1
+   if (n %% 2 == 0) { cat(n, "은 짝수입니다 \n")
+      } else {
+      print(n) }
+ }
## [1] 1
## 2 은 짝수입니다
## [1] 3
## 4 은 짝수입니다
## [1] 5
```

```
## 6 은 짝수입니다
## [1] 7
## 8 은 짝수입니다
## [1] 9
## 10 은 짝수입니다
```

for 문에서 다루었던 다른 예제 "1+2+3+... 를 하면서 합이 30 이상 되면 더하기를 중단하고 그때까지의 합을 출력한다"를 while 문으로 작성해 보자.

```
> n <- 0
> y <- 0 # 합
> while( y < 30 ) {
+   n<-n+1
+   y<-y+n
+ }
> n
## [1] 8

> y
## [1] 36
```

break를 사용하면 아래와 같다. 조건식이 TRUE이므로 break를 이용하지 않으면 무한 반복된다.

```
> n <- 0
> y <- 0 # 합
> while( TRUE ) {
+   n<-n+1
+   y<-y+n
+   if(y>=30) break
+ }
> n
## [1] 8

> y
## [1] 36
```

3 repeat 문

for 문과 while 문은 조건으로 반복을 제어하지만 repeat 문은 조건 없이 무한 반복된다. 실행을 멈추려면 break가 필요하며, 문법은 다음과 같다.

repeat {문장}

– {문장}을 반복 실행.

다음은 repeat을 사용해서 1부터 10까지 값을 출력한 예다. repeat 문 내부에서 조건을 만들어서 break로 반복을 중지시킨다.

```
> i <- 1
> repeat {
+   print(i)
+   if (i >= 10)  break
+   i <- i + 1
+ }
## [1] 1
## [1] 2
…
## [1] 9
## [1] 10
```

3을 반복적으로 더하면서 9보다 커지면 중단하고 출력하기 위해 repeat 문과 while 문, for 문을 사용하여 다음과 같이 작성할 수 있다.

```
> i <- 0
> repeat {
+   i <- i+3
+   if(I > 9) break
+ }
> i
```

```
## [1] 12

> i <- 0
> while(TRUE){
+   i <- i+3
+   if(i> 9) break
+ }
> i
## [1] 12

> i <- 1
> while(i <= 9){
+   i <- i+3
+   }
> i
## [1] 12

> I <- 0
> for ( x in rep(3, 10)){
+   i <- i+x
+   if(i>9) break
+ }
> i
## [1] 12
```

연습문제

1~5번 문제를 for 문, while 문, repeat 문을 사용하여 계산하시오.

1 $\sum_{k=1}^{10} k$

2 $\sum_{k=1}^{20} \frac{1}{4}k$

3 $\sum_{k=1}^{20} (\frac{1}{k}+k)$

4 $\sum_{k=10}^{20} (\frac{1}{k}+\frac{1}{k+1})$

5 $\sum_{k=100}^{3000} (\frac{1}{k}+\frac{1}{k^2})$

6 다음을 실행하고 결과에 대해 설명하시오.

```
> x <- numeric(10)
> for(k in 2:10){
+    x[k] <- x[k-1]+1
+    if(k<=5) next
+     x[k]<-99
+ }
> x
```

7 다음의 repeat 문을 for 문으로 변경하시오. factorial() 함수는 팩토리얼을 계산하는 함수다. 그리고 1e+12는 1×10^{12}을 의미한다.

```
> i <- 1;
> repeat {
+    factorial_value <- factorial(i)
+    cat("factorial(" , i, ") = " , factorial_value, "\n", sep="")
+    if (factorial_value > 1e+12) break
+    i <- i+1
+ }
```

8 다음은 for 문을 이용하여 -999를 NA로 바꾸는 프로그램이다. ifelse 문과 while 문을 사용하여 작성하시오.

```
> d <- c(1,2,3,-999,5,-999)
> for(i in 1:length(d)){
+    if(d[i]==-999){d[i]<-NA}
+ }
```

9 다음을 실행하고, while 문과 for 문을 사용한 프로그램을 작성하시오.

```
> total <- 0
> repeat {
+    total <- total + 1
+    print(total)
+    if (total > 5) break
+ }
```

10 다음을 실행하고 repeat 문과 for 문을 사용한 프로그램을 작성하시오.

```
> x <- 1
> while(x < 5) {
+    x <- x+1
+    if (x == 3) break
+    print(x)
+}
```

11 다음을 실행하고 repeat 문과 for 문을 사용한 프로그램을 작성하시오.

```
> x <- 1
> while(x < 5) {
+    x <- x+1
+    if (x == 3) next
+    print(x)
+}
```

12 다음을 실행하고 repeat 문과 while 문을 사용한 프로그램을 작성하시오.

```
> foo <- seq(1, 100, by=2)
> foo.squared <- NULL;
> for (i in 1:50 ) {
+  foo.squared[i] <- foo[i]^2
+ }
> foo.squared
```

13 다음의 프로그램을 이해하고 직접 손으로 계산하시오. 그 결과를 프로그램 실행 결과와 비교하시오.

```
> mymat <- matrix(0, nrow=5, ncol=5)
> for(i in 1:dim(mymat)[1])
+ {
+  for(j in 1:dim(mymat)[2])
+     {
+     mymat[i,j] = i*j
+   }
+ }
> mymat
```

14 $\pi = \frac{4}{1} - \frac{4}{3} + \frac{4}{5} - \frac{4}{7} + \cdots$를 계산하는 프로그램을 작성하시오.

15 $\pi = 3 + \frac{4}{2\times3\times4} - \frac{4}{4\times5\times6} + \frac{4}{6\times7\times8} - \frac{4}{8\times9\times10} + \cdots$를 계산하는 프로그램을 작성하시오.

16 피타고라스 정리를 만족하는 세 정수들의 합이 1000에 가장 가까운 세 개의 수를 구하시오.

제 8 장

그래프

1. 그래프
2. 산점도
3. 막대그래프
4. 원그래프
5. 히스토그램
6. 상자그래프
7. 줄기-잎-그래프
8. 상관계수 행렬 그래프
9. curve() 함수
10. ggplot2 패키지

데이터 시각화의 중요성이 최근 크게 부각되고 있다. 대량의 복잡한 데이터에서 빠르게 인사이트를 얻고, 패턴과 추세를 효과적으로 파악하는 데 시각화가 핵심 역할을 하기 때문이다. 이러한 맥락에서 R은 다양한 종류의 데이터를 시각화하는 데 매우 유용한 도구로 각광받고 있다.

R에서 사용할 수 있는 그래프(graph) 유형은 매우 다양하다. 기본적인 산점도, 막대 그래프, 선 그래프, 상자그림뿐만 아니라 히스토그램, 파이 차트, 히트맵 등도 널리 사용된다. 이러한 그래프들은 데이터의 분포, 관계, 추세, 구성 비율 등을 시각적으로 표현하여 복잡한 정보를 직관적으로 이해할 수 있게 돕는다.

R의 그래픽 시스템은 크게 기본 그래픽 시스템과 ggplot2와 같은 추가 패키지로 나눌 수 있다. 기본 시스템은 간단하고 빠른 시각화에 적합하며, ggplot2는 더 세련되고 유연한 그래프 생성을 가능하게 한다.

그래프 유형을 선택할 때는 데이터의 특성과 분석 목적을 고려해야 한다. 예를 들어, 범주형 데이터의 빈도를 표현할 때는 막대 그래프가, 연속형 변수 간의 관계를 보여줄 때는 산점도가 적합할 수 있다.

이 장에서는 R에서 이러한 그래프를 그리는 기본적인 방법을 학습한다. 또한, 색상 조정, 축 레이블 설정, 제목 추가 등 다양한 매개변수를 사용하여 그래프를 사용자 지정하는 방법도 다룬다. 이를 통해 데이터를 효과적으로 시각화하고 분석하는 기술을 습득할 수 있다.

효과적인 시각화를 위해서는 데이터 전처리 단계가 중요하다. 깨끗하고 잘 구조화된 데이터가 명확하고 의미 있는 시각화의 기반이 된다는 점을 유념해야 한다.

최근에는 더욱 고급화된 시각화 방법들이 개발되고 있다. 인터랙티브 그래프, 동적 시각화, 지리정보 시각화 등이 그 예이다. 이 장에서 다루는 기본적인 내용은 이러한 고급 기술을 학습하기 위한 중요한 기초가 될 것이다. 다만, 시각화 기술이 빠르게 발전하고 있어 이 장의 내용만으로는 최신 트렌드를 모두 다루기에는 한계가 있음을 밝힌다.

1 그래프

그래프를 그리기 위한 창은 다음과 같은 함수로 열 수 있다.

```
> win.graph()
> x11()
> dev.new()
```

그래프 창을 활성화하는 방법은 다음과 같다.

```
> plot.new() # 현재 활성화되어 있는 그래프 창을 초기 상태로
> dev.copy() # 저장
> dev.set(3) # 3번 그래프 창 활성화
> dev.off(3) # 3번 그래프 창 닫음
> dev.cur()  # 현재의 그래프 창
```

그래프는 크게 고수준 그래프(high level graph)와 저수준 그래프(low level graph)로 나눌 수 있다.

- 고수준 그래프: 독립적인 그래프
- 저수준 그래프: 고수준 그래프에 추가하는 그래프

그래프 작업은 여러 개의 창에서 할 수 있지만, 대개는 하나의 창에서 한다. 고수준 그래프를 처음 작성하면 새로운 그래프 창에서 그래프가 작성된다. 그리고 뒤따르는

표 8.1 고수준 그래프 함수

고수준 그래프 함수	설명
plot(x), plot(x, y)	산점도. x: 벡터 혹은 데이터프레임, y: 벡터
barplot(x)	막대그래프. x:벡터
hist(x)	히스토그램. x:벡터
boxplot(x)	상자그래프. x:벡터
pie(x)	원그래프. x:벡터
pairs(x)	산포도 행렬. x: 행렬 혹은 데이터프레임
curve(f)	1차원 함수 그래프. f:함수
persp(x, y, z)	2차원 함수 그래프. x, y:벡터, z:행렬

표 8.2 저수준 그래프 함수

저수준 그래프 함수	설명
points(x), points(x, y)	산점도
lines(x), abline(x)	직선
arrows(x)	화살표
rect(x)	직사각형
text(x), title(x)	문자
box(x), axis(x)	테두리와 축
legend(x)	범례
polygon(x)	다각형

고수준 그래프는 기존의 그래프를 지우고 그려지므로 그래프 창은 1개만 필요하다.

고수준 그래프에 많이 사용되는 함수는 표 8.1에, 저수준 그래프에 많이 사용되는 함수는 표 8.2에 나타내었다. 사용되는 인자의 자세한 설명은 help를 참고하기 바란다.

2 산점도

두 변수의 관계를 살펴볼 수 있는 산점도(scatter plot)를 그릴 때는 주로 plot()을 사용하며, 그 문법은 표 8.3에 나타나 있다. 다음 x 벡터의 값을 산점도로 나타내면 그림 8.1이 된다.

```
> a<-c(1, 1, 2, 2, 3, 3, 4, 4, 5, 5)
> plot(a)
```

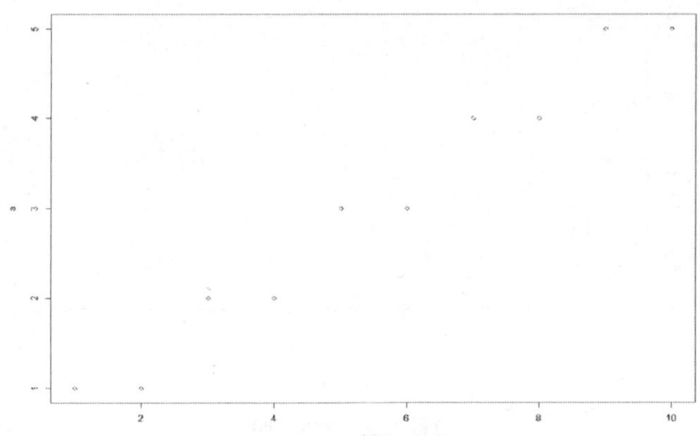

그림 8.1 plot(a)

표 8.3 plot( ) 함수

함수	설명
plot(x, y, ...)	x : 산점도의 x 좌표 벡터 혹은 데이터프레임 y : x에서 제공되지 않는 y 좌표 ... : 그래프에 필요한 선택사항

산점도는 두 벡터(변수)의 관계를 나타내는 그래프이므로 x 좌표와 y 좌표를 나타내는 두 개의 벡터가 필요하다. 그런데 위 예에는 한 개의 벡터 a만 주어졌다. 이렇게 plot()에서 벡터 한 개만 주어지면 그것은 y 좌표를 나타내는 벡터로 사용되고 x 좌표는 index <- c(1:length(a)), 즉 1, 2, 3,⋯ ,10이 자동으로 만들어진다.

다음은 두 개의 벡터가 주어지는 경우이다(그림 8.2).

```
> a <- 1:10
> b <- 1:10
> plot(a, b)
```

주어진 순서대로 a는 x 좌표로, b는 y 좌표로 사용되었다. 길이가 서로 다른 두 벡터의 연산은 재활용으로 길이를 같게 해 주지만, plot()에서는 오류가 발생하여 그래프를 그리지 않는다.

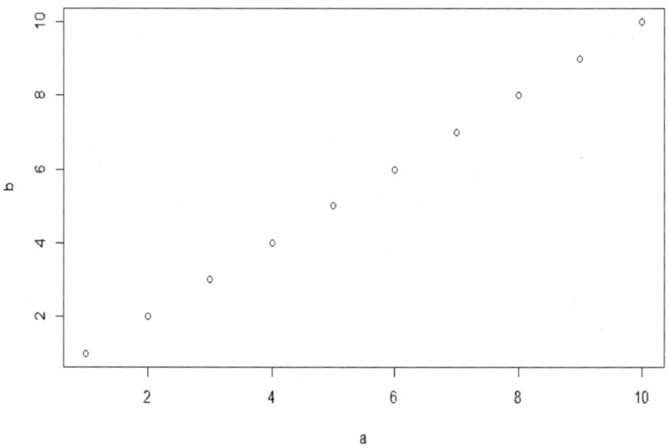

그림 8.2 plot(a, b)

```
> a<-1:4
> b<-1:10
> plot(a, b)
## Error in xy.coords(x, y, xlabel, ylabel, log): 'x' and 'y' lengths differ
```

1) 그래프 매개변수

그래프 매개변수(graphic parameter)를 조정하여 그래프를 다양하게 그릴 수 있다. 자주 사용되는 매개변수와 그 역할을 표 8.4에 나타내었다.

표 8.4 그래프 매개변수

매개변수	설명
main	그래프 제목.
mfrow, mfcol	그래프창 분할
xlab, ylab	x축과 y축의 이름(label)
type	그래프의 유형(선, 점 등)
pch	type이 점인 경우 점의 형태(plotting character)
cex	그래프에 그려지는 점, 문자 등의 상대적 크기
lty	type이 선인 경우 선의 유형(line type). 실선, 점선, 쇄선 등.
lwd	선의 굵기(line width,)
col	color. 점, 선등의 색상
side	내부마진 조절
oma	외부마진 조절

표 8.4에서 소개한 것을 포함하여 그래프에 사용되는 모든 매개변수를 수정하거나 확인하기 위해 par() 함수를 사용한다. 총 72개 매개변수 중 par() 함수에서 수정이 가능한 매개변수 66개는 par(no.readonly = T)로 확인할 수 있다. 매개변수 수정은 par() 함수에서 가능하고, 일시적인 수정은 그래프 함수에서 가능하다. 다음의 예를 통해 살펴보자.

```
> attach(cars)
> x11()  # 새로운 그래프 창
> par()$mfrow  # 그래프창의 분할 확인.
## [1] 1 1  # 행과 열이 1개씩
```

```
> par()$pch  # 점의 형태 확인
## [1] 1

> plot(speed, dist)  # default 그래프(그림 8.3)
> par(mfrow=c(2,2), pch=2)  # 매개변수 수정
> par()$mfrow  # 수정 매개변수 확인
## [1] 2 2

> par()$pch  # 수정 매개변수 확인
## [1] 2

> plot(speed, dist)  # pch=2
> plot(speed, dist, pch=3)  # 그래프 함수에서 매개변수 지정
> plot(speed, dist)  # 그래프 함수에서 지정된 매개변수는 pch=3 일시적
> plot(speed, dist,main="speed vs. distance") # 제목 지정(그림 8.4)
```

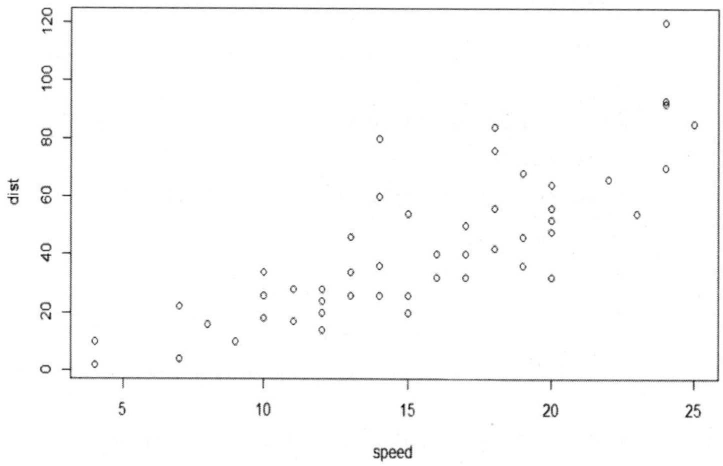

그림 8.3 plot(speed, dist)

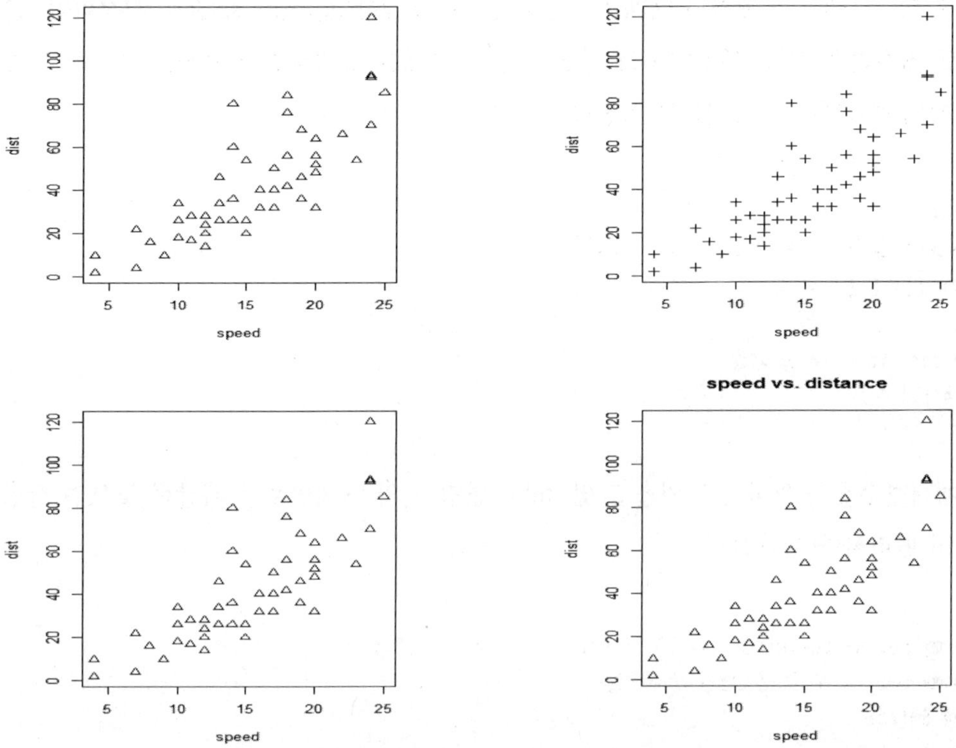

그림 8.4 그래프 매개변수를 확인하는 그래프

dev.new()를 사용하여 새로운 그래프창에서 작업 할 수 있다.

```
> dev.new()  # 새로운 그래프 창을 열고
> plot(c(1:10))  # 그래프 창에 그리고
> dev.off()  # 그래프 창을 닫는다.
```

그래프를 pdf 파일로 저장하고자 할 때는 pdf() 함수를 사용한다.

```
> dev.new()
> pdf("figexa3")  # 그래프창이 있지만, 파일(pdf 형식)에 그린다.
> plot(c(1:10))
> dev.off()  # 그래프창을 닫으면 지정된 위치에 figexa3.pdf 파일이 저장된다.
```

새로운 그래프 창에서의 매개변수는 par()의 초깃값(default 값)으로 시작한다. 그래프 매개변수 값을 수정하면 그 값을 수정한 그래프 창에서만 유효하고 새로운 그래프 창의 매개변수는 초깃값을 가진다.

```
> x11()
> par()$mfrow  # 초깃값
## [1] 1 1

> par()$pch  # 초깃값
## [1] 1
```

매개변수를 변경하여 그림을 그릴 경우, 변경 전의 매개변수를 저장해 놓으면 작업이 더 편리하다(그림 8.5).

```
> my.par <- par(mfrow=c(2,2), pch=2)  # 매개변수 변경
> my.par  # 수정 전 내용이 저장됨
## $mfrow
## [1] 1 1
##
## $pch
## [1] 1

> par()$pch  # 현재 적용되는 pch
##[1] 2
> par()$mfrow
##[1] 2 2

> attach(cars)
> plot(speed, dist)  # 그래프는 수정된 매개변수 사용
> plot(speed, dist, pch=10)  # 그래프 함수 안의 매개변수는 일시적
> plot(speed, dist)  # 그림 8.5
> par(my.par)  # 저장된 내용으로 복원
> par()$pch  # 복원된 값
## [1] 1
```

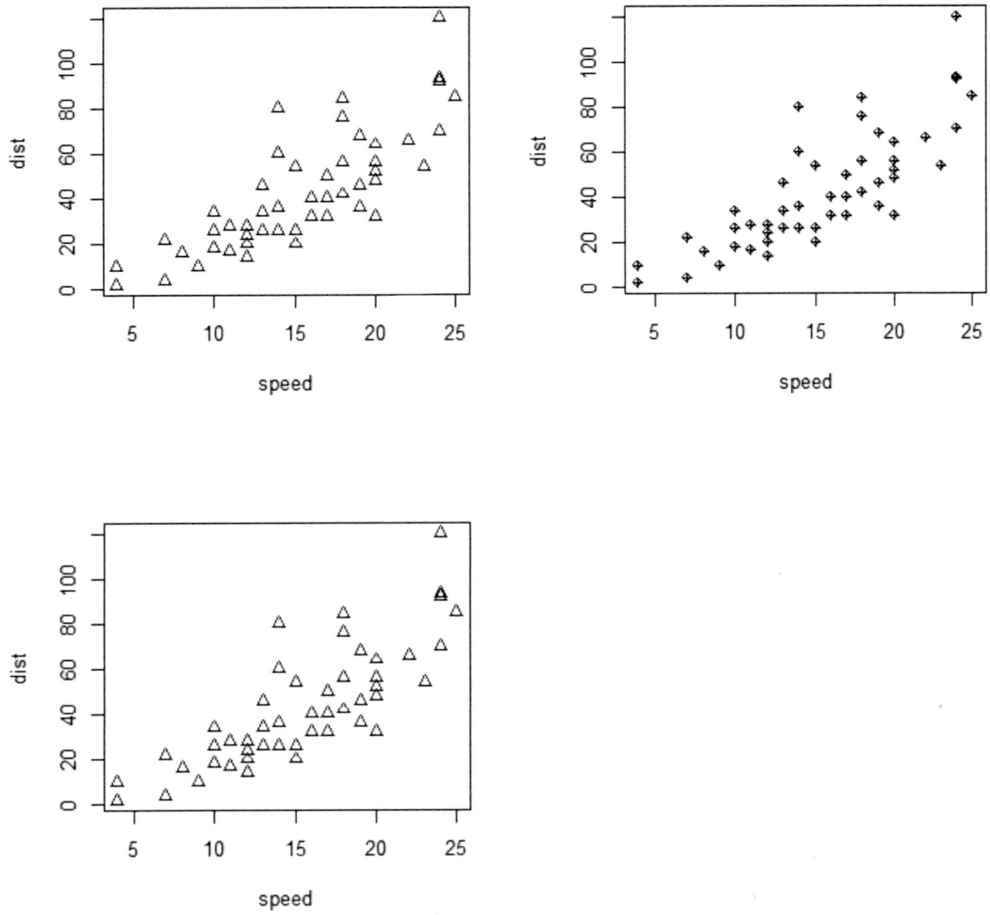

그림 8.5 plot(speed, dist); plot(speed, dist, pch=10); plot(speed, dist)

이 예의 내용을 다시 정리하면 다음과 같다. 그래프 매개변수를 수정하며 my.par <- par(mfrow=c(2, 2), pch=2)와 같이 저장할 수 있다. 이 경우, 현재부터 그려지는 모든 그래프는 par(mfrow=c(2, 2), pch=2)로 그린다. 그러나 my.par에 저장되는 매개변수는 my.par를 지정하기 전의 매개변수 값이다.

함수 안에서도 매개변수를 지정할 수 있다. 예를 들어, plot(x, y, pch=10)과 같이 pch를 지정할 수 있는데, 이렇게 지정된 매개변수는 지정된 그래프에서만 유효하다. 또한 함수 안에서 지정할 수 있는 매개변수과 지정할 수 없는 매개변수가 있다. 예를 들어, mfrow 매개변수는 함수 안에서 지정할 수 없다. 이러한 매개변수는 par() 함수를 사용하여 전역적으로 설정해야 한다.

2) 산점도

기호, 선, 문자 등과 같은 그래프 매개변수가 그래프에서 어떤 역할을 하는지 자세히 알아보자. R에서 pch(plotting character) 매개변수는 plot() 함수에서 점의 모양을 지정하는 데 사용되며, 정숫값으로 점의 모양을 지정할 수 있다. 정숫값은 R에서 미리 정의된 기호 중 하나를 나타낸다. 예를 들어 pch=1은 원 모양, pch=19는 다이아몬드 모양의 점이다. 그림 8.6은 pch와 col(색) 그리고 bg(배경 색) 에 대한 것을 보여준다.

```
> par(mfrow=c(1, 1))
> plot(1:25, rep(1, 25), pch=1:25, ylim=c(0, 10), xlab="", ylab="", axes=F) # 점의 형태
> text(1:25, 1.8, as.character(1:25), cex=0.7)  # 점 위에 숫자
> text(12.5, 2.5, "Default", cex=0.9)
> points(1:25, rep(4, 25), pch=1:25, col="blue")
> text(1:25, 4.8, as.character(1:25), cex=0.7, col="blue")
> text(12.5, 5.5, 'col="blue"', cex=0.9, col="blue")
> points(1:25, rep(7,25), pch=1:25, col="blue", bg="red")
> text(1:25, 7.8, as.character(1:25), cex=0.7, col="blue")
> text(10, 8.5, 'col="blue"', cex=0.9, col="blue")
> text(17, 8.5, 'bg="red"', cex=0.9, col="red")
```

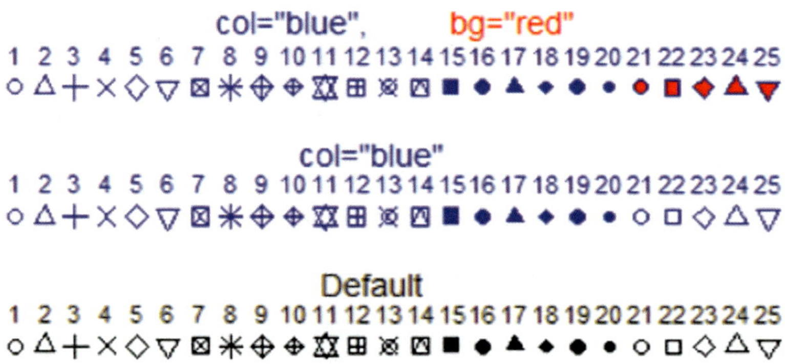

그림 8.6 pch, col, bg 종류

이 코드에서 사용된 매개변수에 대한 설명은 다음과 같으며, 이러한 매개변수들을 이용하여 그래프를 원하는 대로 꾸밀 수 있다.

- xlab과 ylab은 각각 x축과 y축의 레이블을 지정한다. 이 코드에서는 레이블을 비워 두었다.
- axes=F는 x축과 y축을 그리지 않도록 지정한다.
- xlim과 ylim은 각각 x축과 y축의 범위를 지정한다.
- col과 bg는 각각 기호의 색상과 배경색을 지정한다.
- text()는 그래프에 문자열을 추가하는 저수준 그래프 함수이다. 문자열과 그래프의 좌표를 입력하면 해당 위치에 문자열이 추가된다. 이때 숫자는 as.character() 함수를 사용하여 문자열로 변환해야 한다.
- points()는 text()와 마찬가지로 저수준 그래프 함수이다. 이미 그려진 고수준 그래프에 산점도를 추가할 때 사용되는데, plot()과 유사한 그래프를 그려준다. 두 개의 산점도를 겹쳐 그릴 때는 plot() + points()를 사용할 수 있다.
- lines(x)는 plot(x, type="l", lty=1)과 동일한 그래프를 그리는 저수준 그래프 함수이다.

pch 매개변수에 대한 가능한 값과 모양은 다음과 같다.

1: 점(circle), 2: 채워진 점(filled circle), 3: 삼각형(triangle), 4:다이아몬드(diamond), 5: 플러스 기호(plus sign), 6: 별표(star), 7: 원(circle), 8: 채워진 삼각형(filled triangle), 9: 십자(cross), 10: X자(X), 11: 채워진 다이아몬드(filled iamond), 12: 채워진 원(filled circle), 13: 플러스 기호(plus sign), 14: 채워진 삼각형(filled triangle), 15: 플러스 기호(plus sign), 16: 별표(star), 17: 십자(cross), 18: X자(X), 19: 다이아몬드(diamond), 20: 원(circle), 21: 채워진 다이아몬드(filled diamond), 22: 채워진 원(filled circle), 23: 플러스 기호(plus sign), 24: 채워진 삼각형(filled triangle), 25: 별표(star)

pch 매개변수에 직접 기호를 입력할 수도 있다. 이 경우, 기호는 문자열로 입력된다. 예를 들어, pch="*"는 별표 모양의 점을 그린다. 이렇게 pch 매개변수를 변경하면

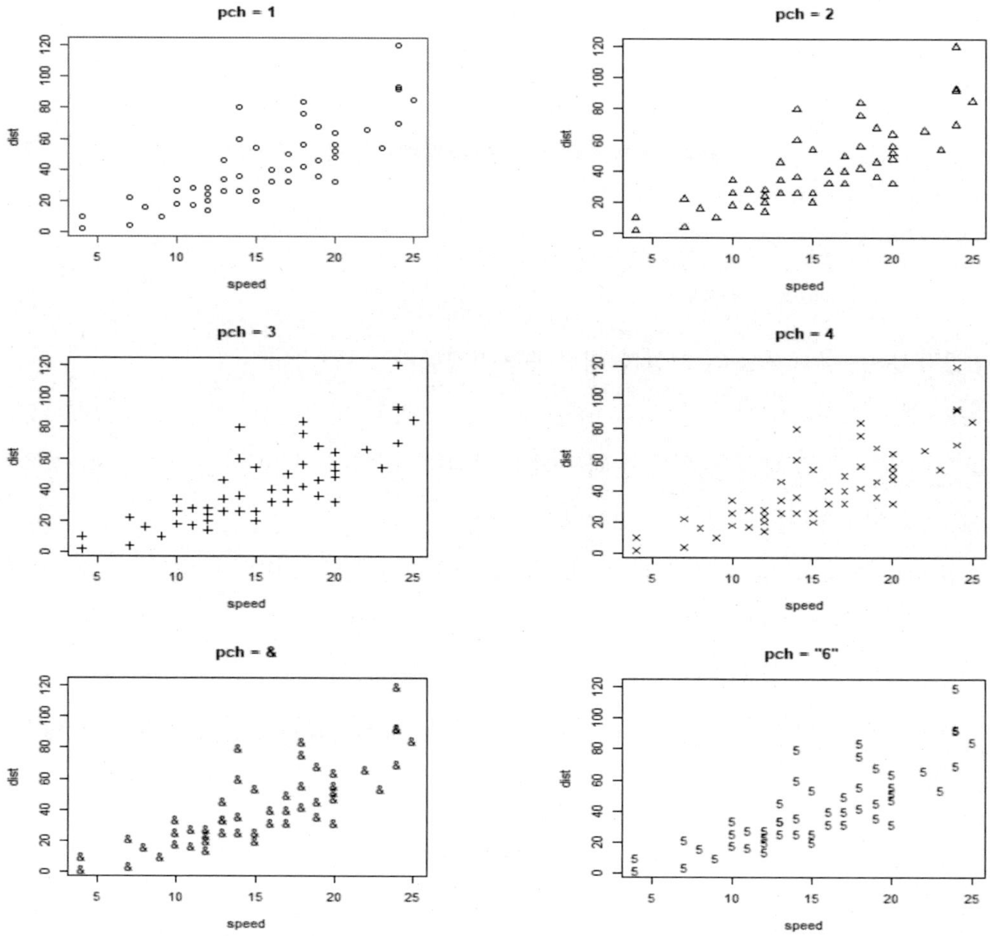

그림 8.7 pch 값에 따른 plot(speed, dist)

서 그래프를 그리면 다양한 모양의 점을 사용할 수 있다. pch 값에 따른 다양한 그래프를 그림 8.7에 나타내었다.

```
> attach(cars)
> par(mfrow = c(3, 2))  # 그래프 창을 3*2로
> plot(speed, dist, pch=1, fg="blue", bg="red", main="pch=1")
> plot(speed, dist, pch=2, main="pch=2")
> plot(speed, dist, pch=3, main="pch=3")
> plot(speed, dist, pch=4, main="pch=4")
> plot(speed, dist, pch="&", main="pch=&")
```

```
> plot(speed, dist, pch="5", main="pch=\"6\" ")
> detach(cars)
> par(mfrow = c(1, 1))
```

이제 기호 크기를 결정하는 cex 매개변수를 살펴보자. cex 값은 기본값인 cex=1과의 상대적 크기를 나타내는 것으로 cex=2는 cex=1보다 기호 크기를 2배로 한다는 뜻이다. 다음의 예를 통해 살펴보자(그림 8.8).

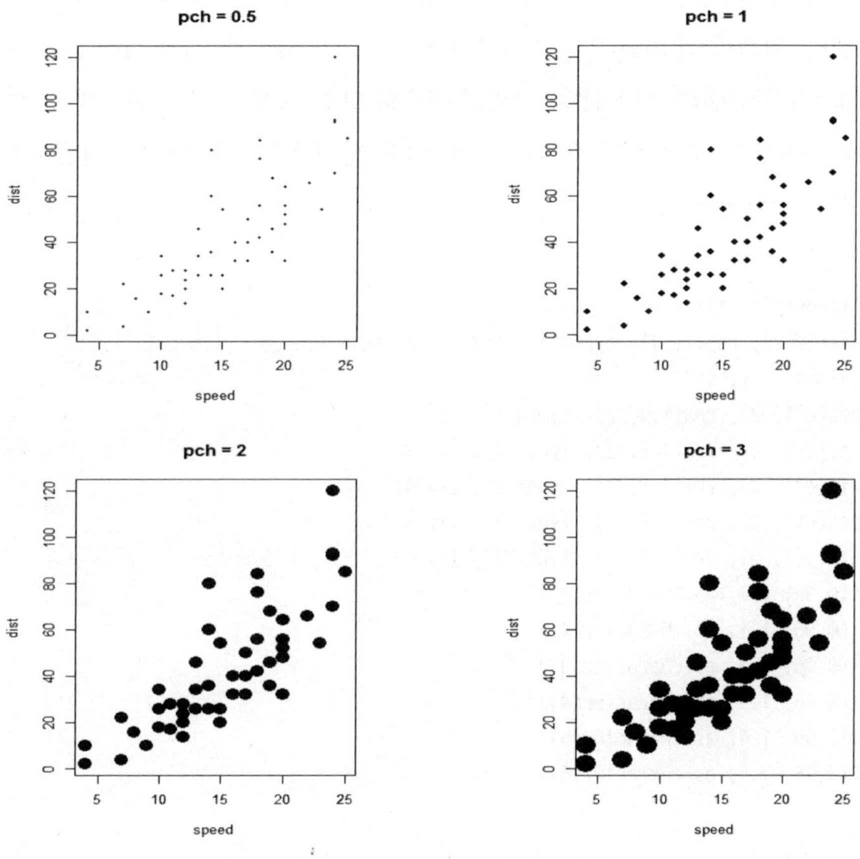

그림 8.8 cex, pch 값에 따른 plot(speed, dist)

```
> attach(cars)
> par(mfrow = c(2, 2))
> plot(speed, dist, pch=19, cex=0.5, main="pch=0.5")
> plot(speed, dist, pch=19, cex=1, main="pch=1")
> plot(speed, dist, pch=19, cex=2, main="pch=2")
> plot(speed, dist, pch=19, cex=3, main="pch=3")
> detach(cars)
> par(mfrow = c(1, 1))
```

R의 산점도(plot())는 type="p"를 기본값(defalult)으로 하기 때문에 점(point)으로 나타낸다. 점끼리 선(line)으로 연결하기 위해서는 type="l", 점과 선을 같이 나타내려면 type="b"(both)를 사용한다. 그리고 선으로 그린 그래프에는 6종류의 선 중에서 하나를 lty 매개변수로 선택할 수 있는데 lty=1은 실선으로 기본값이다. 그림 8.9는 6종류의 선을 나타낸다.

```
> par(mfrow=c(1, 1))
> plot(c(1, 2), rep(1, 2), type="l", lty=1, xlim=c(0.95, 2), ylim=c(1, 1.6),
+      xlab="", ylab="", axes=F)
> points(c(1, 2), rep(1.1, 2), type="l", lty=2)
> points(c(1, 2), rep(1.2, 2), type="l", lty=3)
> points(c(1, 2), rep(1.3, 2), type="l", lty=4)
> points(c(1, 2), rep(1.4, 2), type="l", lty=5)
> points(c(1, 2), rep(1.5, 2), type="l", lty=6)
> text(0.96, 1.0, as.character(1))
> text(0.96, 1.1, as.character(2))
> text(0.96, 1.2, as.character(3))
> text(0.96, 1.3, as.character(4))
> text(0.96, 1.4, as.character(5))
> text(0.96, 1.5, as.character(6))
```

선의 굵기(line width)는 lwd 매개변수로 지정할 수 있다. lwd=1이 기본값이며, lwd로 주어지는 값은 1과의 상대적인 굵기를 나타내는 값이다. lwd=2는 lwd=1보다 2배 굵은 선을 그린다(그림 8.10).

```
> attach(cars)
> par(mfrow=c(2, 2))
> plot(speed, dist, type="l", lty=1,  main="type=l, lty=1")
> plot(speed, dist, type="l", lty=2,  main="type=l, lty=2")
> plot(speed, dist, type="b", lty=3, pch=15,  main="type=b, pch=15, lty=3")
> plot(speed, dist, type="b", lty=5, pch=16, lwd=2,  main="type=b, lpch=16, lty5, lwd=2")
> detach(cars)
```

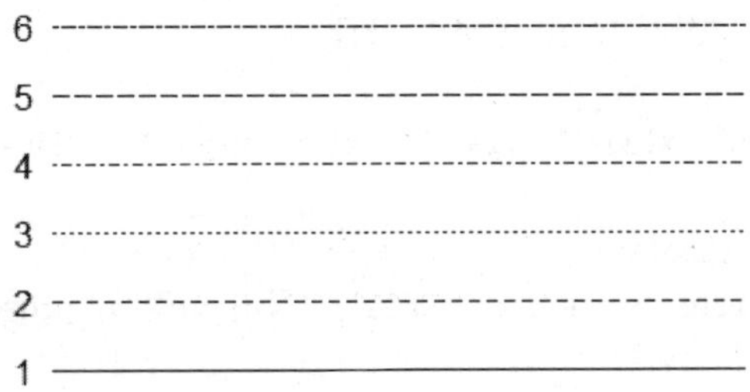

그림 8.9 line type

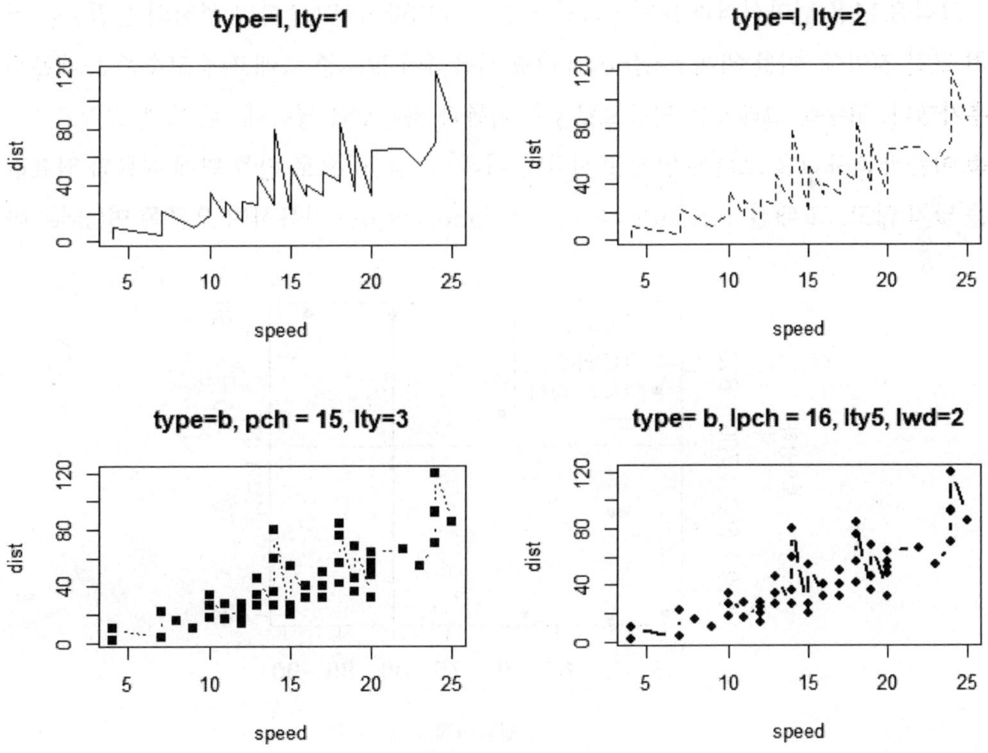

그림 8.10 line type 와 lwd

다음의 예제를 통하여 그래프 그리는 방법을 좀 더 익혀보자(그림 8.11).

```
> par(mar=c(5, 4, 4, 8))
> par(mfrow=c(1, 1))
> x1 <- c(55, 60, 90, 59, 68, 70, 88, 80)  # 입학성적
> x2 <- c(565, 470, 676, 880, 685, 790, 595, 675)  # 토익성적
> x3 <- c(60, 70, 80, 70, 60, 80, 90, 90)  # 1학년 성적
> plot(x1, x2, xlab='입학성적', ylab='토익성적',
+    xlim=range(x1), ylim=range(x2), type='p', pch=5, cex=1)
> abline(h=700)  # 토익성적 700점 참조선 그림
> par(new=T)
> plot(x1, x3, yaxt="n", xlab="", ylab="", xlim=range(x1), ylim=range(x3), type='p',
pch=19, cex=1)
> axis(side=4, at=x3, labels=x3)
> legend("topleft", title="Score", c("TOEIC","1학기 성적"), pch=c(5, 19))
> mtext(side=4, "1학기 성적")
> abline(v=80)  # 입학 성적 80점 참조선 그림
```

그림 8.11은 입학성적과 토익성적의 산점도에 입학성적과 1학년 성적의 산점도를 겹쳐 그린 것이다. 이를 위해 par(new=T)를 사용하여 고수준 그래프에 고수준 그래프를 추가했다. 고수준 그래프는 자동으로 y축 이름과 좌표값을 넣는데, 두 번째 그래프의 y축 이름과 좌표값을 오른쪽 면에 표시하기 위해 yaxt="n"으로 왼쪽 면에 이름과 좌표값을 넣지 않고, 그 대신 axis(side=4, at=x3, labels=x3)를 사용하여 오른쪽 면(side: 아

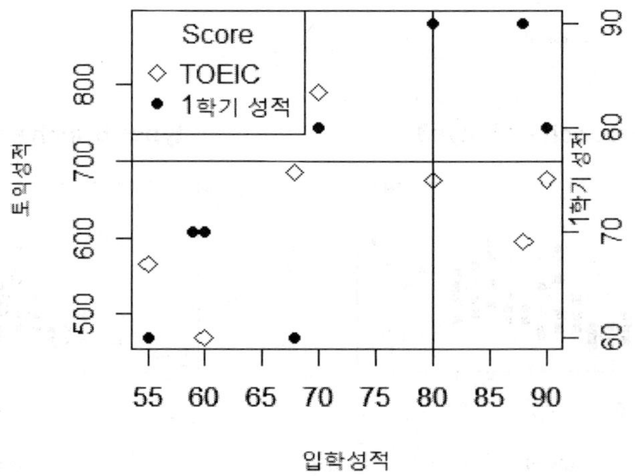

그림 8.11 두 산점도가 overlay 된 그래프

래 면=1. 왼쪽 면=2, 윗면=3, 오른쪽 면=4)에 값을 표시했다. 그리고 legend() 함수를 사용하여 범례를 추가했으며, 위치는 좌측 상단(topleft)이고, 점의 유형에 따른 설명 문자를 추가했다. mtext() 함수를 사용하여 오른쪽 축이 나타내는 값이 "1학기 성적"임을 나타내었다. 그리고 이미 그려진 산점도에 저수준 함수 abline()를 사용하여 참조선을 추가하였다. 여기에서 h는 가로선(horizontal line)을, v는 세로선(vertical line)을 나타낸다. 그래프의 외부 마진(여백)을 조절하기 위해 mar 매개변수를 이용하였다.

plot() 함수는 입력되는 데이터의 클래스에 따라 적절한 그림을 그린다. 즉, 다음과 같이 plot() 함수에 한 개의 숫자 벡터 혹은 한 개의 요인형 벡터 혹은 두 개의 숫자 벡터 혹은 변수가 2개인 데이터프레임 혹은 요인형과 숫자 벡터 각 1개씩을 입력하면 데이터의 클래스에 따라 산점도나 막대그래프, 상자그래프를 적절하게 그려준다. 다음을 통해 이 사실을 확인하자(그림 8.12).

```
> f <- factor(c(1,2,3,1,2,2,2,1,2,2,1,3))
> x <- c(57,56,64,51,59,68,47,50,55,59,62,77)
> y <- c(25,35,53,24,55,56,23,41,45,50,34,28)
> d <- data.frame(x, y)
> m <- matrix(c(1:5,5), 3, 2)
> layout(m)  # 그래프 배치
> plot(x, main="1 numeric vector")  # 한 개의 숫자 벡터
> plot(f, main="1 factor vector")  # 한 개의 요인형 벡터
> plot(x, y, main="2 numeric vector")  # 두 개의 숫자 벡터
> plot(d, main="data frame with 2 variables")  # 변수가 2개인 데이터프레임
> plot(f, x, main="1 factor vs 1 numeric vector")  # 요인형과 숫자 벡터 각 1개
```

참고로 plot()에 행렬을 입력하면 첫 두 열로 산점도를 그린다. 위의 그래프는 layout()을 사용해서 그래프 창을 분할하였는데, 여기에 대해 간략히 살펴보자(그림 8.13).

```
> m <- matrix(c(1:5,5), 3, 2)  # 만들어진 행렬에서 같은 숫자는 합쳐짐
> layout(m)
> m
##      [,1] [,2]
## [1,]    1    4
## [2,]    2    5
## [3,]    3    5

> layout.show(5)
```

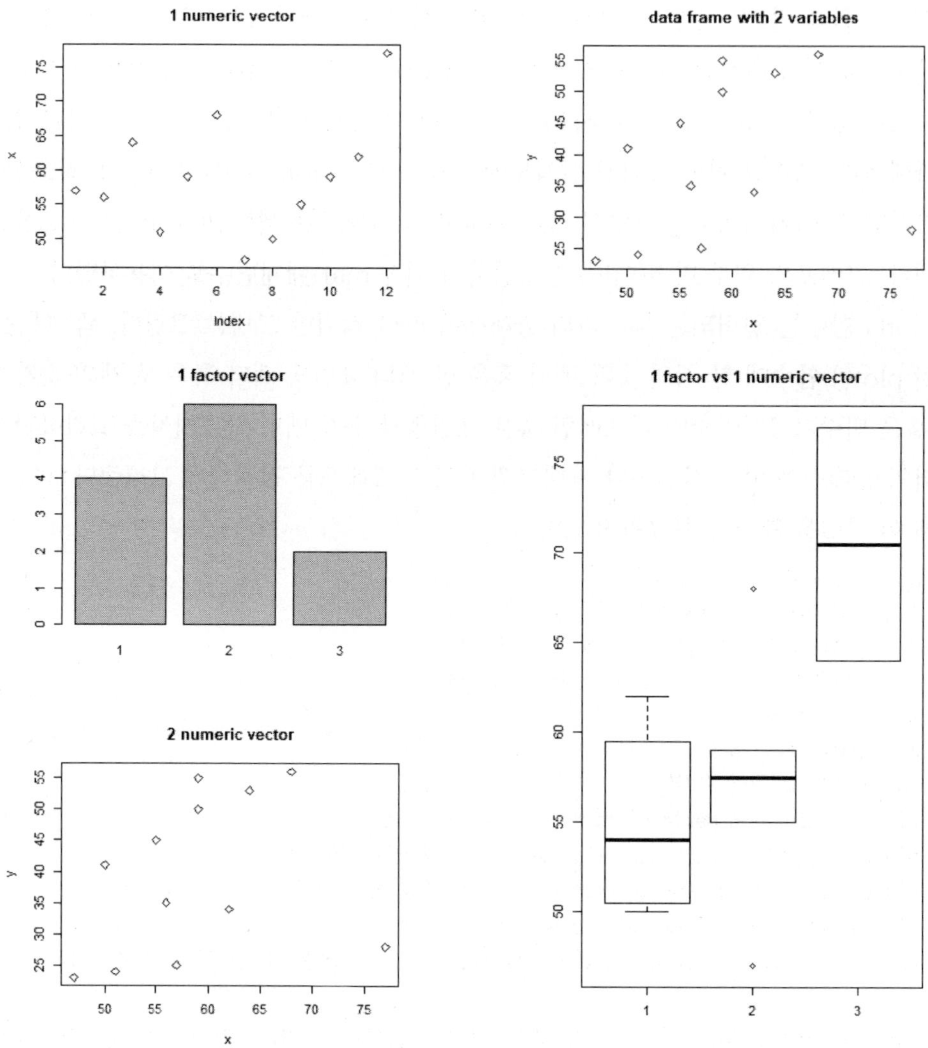

그림 8.12 데이터 클래스에 따른 plot( ) 형태

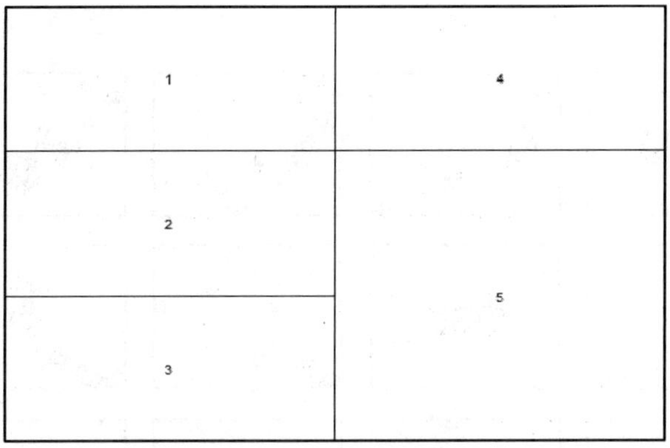

그림 8.13 그래프 창 분할

plot()에 입력되는 데이터프레임의 변수가 모두 양적변수이고 3개 이상이면 모든 변수 쌍에 대한 산점도 행렬을 그린다. 이 그래프는 변수 간의 관계를 파악하는 데 도움이 된다. 다음의 예를 통해 살펴보자(그림 8.14).

mtcars는 1974 Motor Trend US 잡지에서 인용한 데이터다. 자동차의 연비(mpg), 실린더 수(cyl), 배기량(disp), 마력(hp), 무게(wt) 등 11개 변수와 32개 관측치로 구성되었다.

```
> str(mtcars)
## 'data.frame':    32 obs. of  11 variables:
##  $ mpg : num  21 21 22.8 21.4 18.7 18.1 14.3 24.4 22.8 19.2 ...
##  $ cyl : num  6 6 4 6 8 6 8 4 4 6 ...
## …
##  $ gear: num  4 4 4 3 3 3 3 4 4 4 ...
##  $ carb: num  4 4 1 1 2 1 4 2 2 4 ...

> par(mfrow=c(1, 1))
> attach(mtcars)
> plot(mtcars[, c("mpg", "disp", "hp", "wt")])
> detach(mtcars)
```

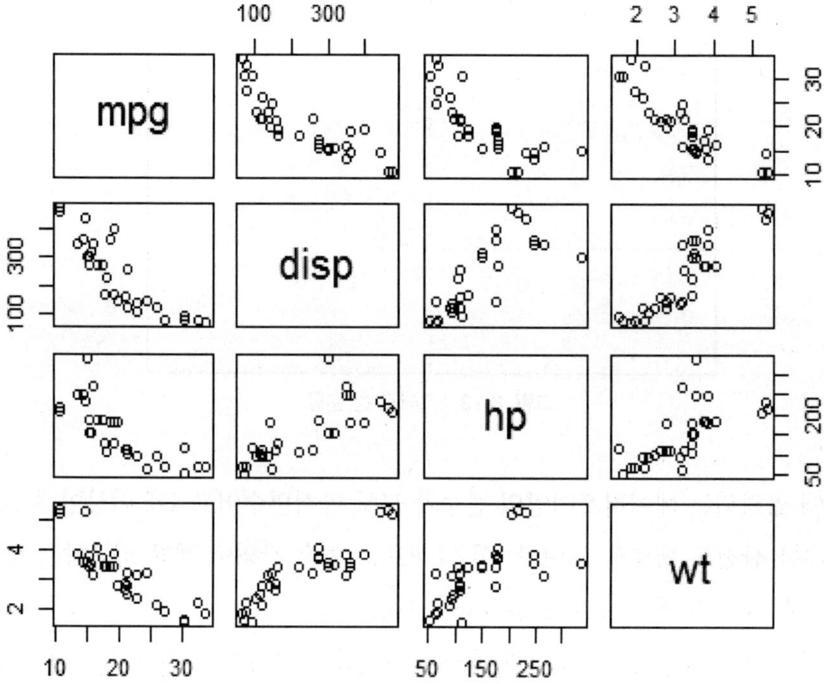

그림 8.14 산점도 행렬

3 막대그래프

이 절에서는 범주형 변수를 표현하는 막대그래프를 그려주는 barplot()에 대해 알아본다. 10명의 혈액형 'A', 'B', 'O', 'AB'형의 빈도 3, 2, 1, 4를 막대그래프로 나타내었다(그림 8.15).

```
> x <- c(3, 2, 1, 4)
> names(x)<-c('A', "B", 'AB, "O")
> barplot(x)
```

옆으로 누운(90도 회전) 막대그래프는 "horiz=T"를 지정한다(그림 8.16).

```
> barplot(x, horiz=T)
```

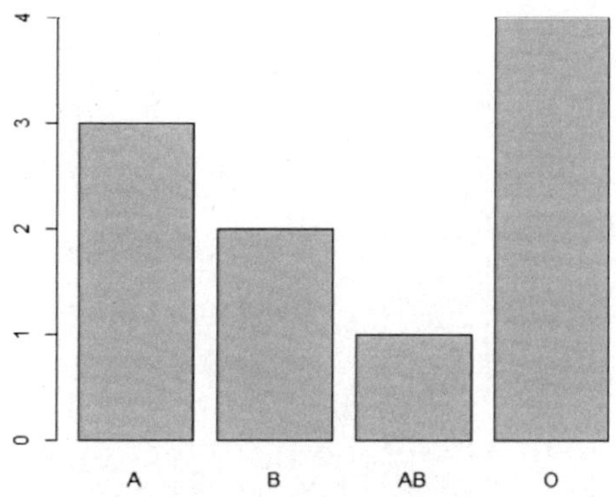

그림 8.15 이름이 있는 범주형 벡터의 막대그래프

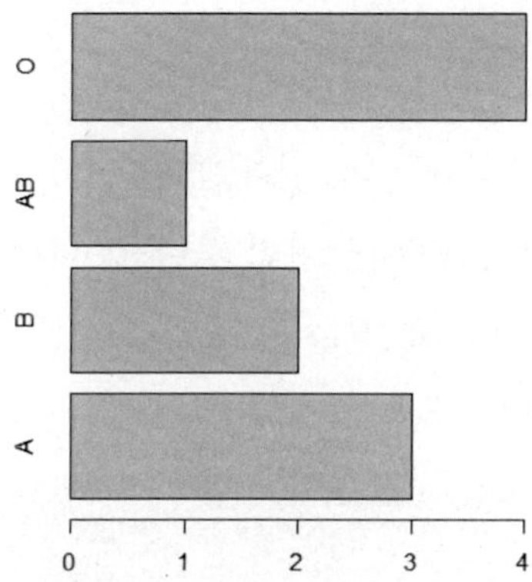

그림 8.16 옆으로 누운 막대그래프

혈액형에 대한 원래 자료는 c("A", "O", "A", "O", "O", "B", "AB", "A", "B", "O")이다. 이러한 범주형 자료는 빈도표(frequency table)를 만든 후 막대그래프를 그려야 한다(그림 8.17).

```
> y <- ("A", "O", "A", "O", "O", "B", "AB", "A", "B", "O")
> table(y)  # 빈도표
## y
## A AB B O
## 3  1  2  4
> barplot(table(y))
```

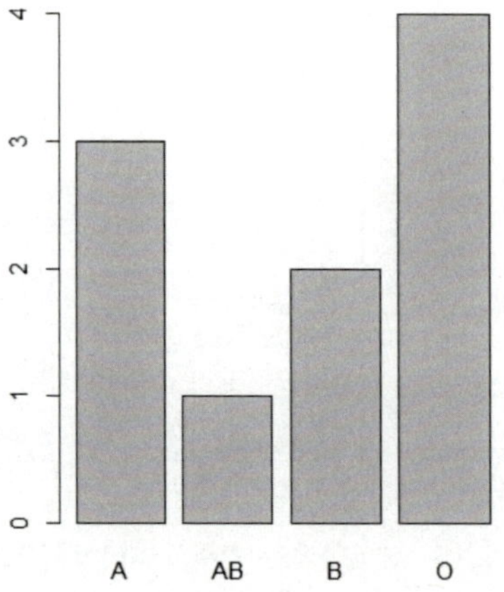

그림 8.17 범주형 자료의 막대그래프

c() 함수와 colors 매개변수를 좀 더 알아볼 수 있는 예를 다루어보자. 요일별 장난감 판매 수를 막대그래프로 나타내는데, 판매량에 따라 색을 다르게 지정하고 싶다. 판매량이 250 이상이면 빨간색, 200 이상이면 파란색, 나머지는 노란색으로 지정하려면 다음과 같이 작성하면 된다. 그림 8.18은 그 결과이다.

```
> toy  <- c(170,300,260,200,180) #월~금 판매량
> colors<-c()
> colors = ifelse(toy>=250, "red", (ifelse (toy>=200, "blue", "yellow")))
> barplot(toy, names=c("MON","TUE","WED","THU","FRI"), col=colors,
+ main="toys Sales")
```

그림 8.18 색상 있는 막대그래프

4 원그래프

원그래프(pie chart)는 범주형 자료를 표현하는 그래프다. 막대그래프는 막대의 높이로 도수를 표현하지만, 원그래프는 부채꼴의 면적으로 도수를 표현한다. 원그래프는 pie()로 그릴 수 있으며, 그 결과를 그림 8.19에 나타내었다.

```
>par(mfrow=c(1,2))
>pie(table(y))
>pie(table(y), col = c("purple", "violetred1", "green3", "cornsilk"))
```

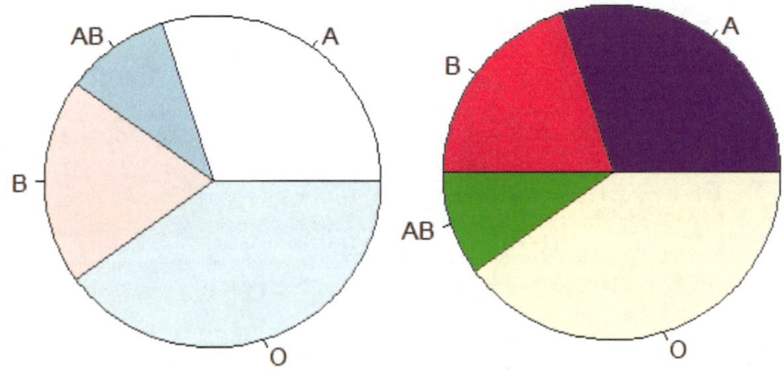

그림 8.19 원그래프

5 히스토그램

막대그래프와 원그래프는 범주형 변수를 나타내는 데 사용되고 히스토그램은 양적 변수를 나타내는 데 사용된다. 히스토그램은 다음과 같이 설명된다.

- 양적 데이터의 도수분포표를 막대 모양으로 표현한 그래프
- hist() 함수 사용

다음 예는 cars$dist 변수에 대한 히스토그램을 그린 것이다(그림 8.20). 히스토그램

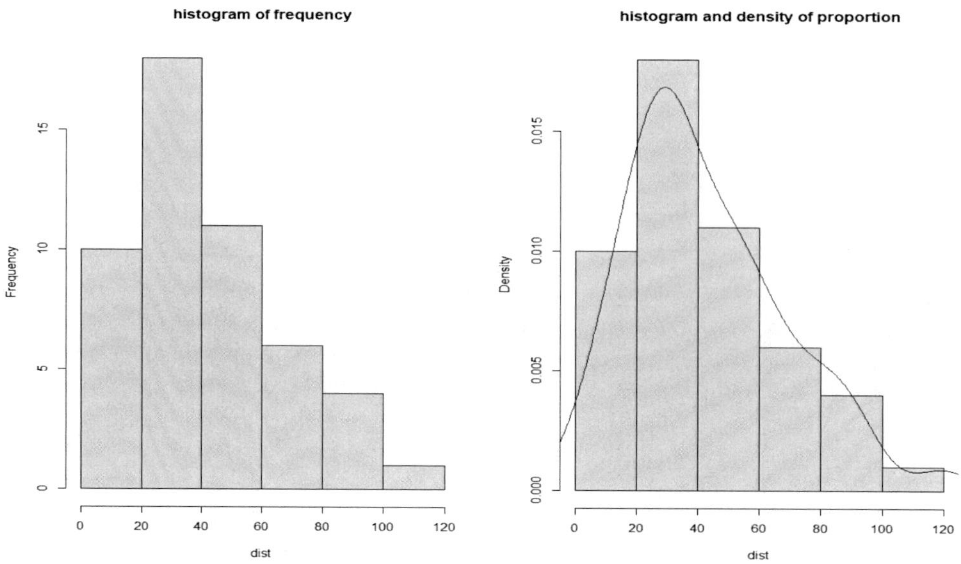

그림 8.20 빈도 히스토그램과 비율 히스토그램과 밀도함수 추정

막대의 높이는 각 구간의 도수를 나타내는데 freq=FALSE로 지정하면 비율을 볼 수 있다. 계급 구간(20)과 수(6)는 R에서 자동으로 결정한다. 그림 8.20 오른쪽에서는 밀도함수의 추정값을 lines(density(dist))로 겹쳐 그렸다.

```
> par(mfrow=c(1,2))
> attach(cars)
> hist(dist, main="histogram of frequency")
> hist(dist,freq=FALSE, main="histogram and density of proportion")
> lines(density(dist))
```

R에서 자동으로 결정하는 계급의 구간과 수가 자료를 표현하는 데 적당하지 않다고 생각되면, breaks를 사용하여 계급의 수를 직접 지정할 수 있고, 계급의 경계점(breakpoints)도 지정할 수 있다(그림 8.21).

```
> par(mfrow=c(1, 2))
> hist(dist, breaks=3)  # 계급의 수 3
> hist(dist, breaks=c(min(dist), 10, 20, 40, 80, max(dist)))  # 계급 구간 지정
```

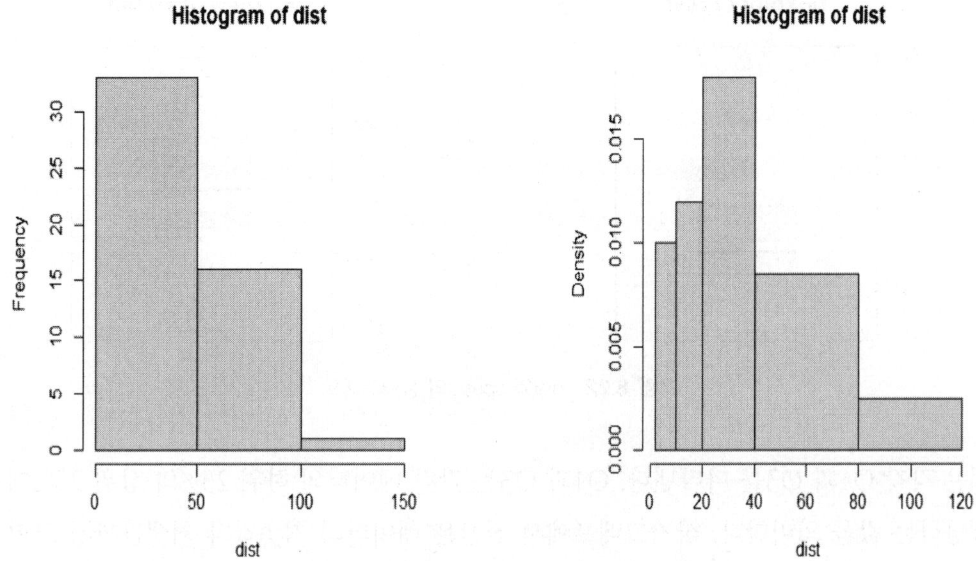

그림 8.21 계급 수와 구간을 지정한 히스토그램

6 상자그래프

양적 변수를 표현하는 hist() 함수는 분포를 살피는 데 중요한 역할을 한다. 이와 더불어 양적 변수의 분포를 살필 수 있는 boxplot() 함수는 다섯 개의 요약 통계량을 제공하는 아주 유용한 함수다. 다섯 개의 요약 통계량이란 최댓값(max), 최솟값(min), 중앙값(median), 제1 사분위수(Q1), 제3 사분위수(Q3)를 말한다.

그림 8.22의 그래프는 cars 데이터의 dist와 speed 변수의 상자그래프로, 다음 명령에 의해 생성된다.

```
> attach(cars)
> par(mfrow=c(1, 2))
> boxplot(dist,)
> boxplot(speed)
```

상자그래프에서 상자 중앙의 굵은 실선은 중앙값을 나타내며, 상자 상하에 있는 실

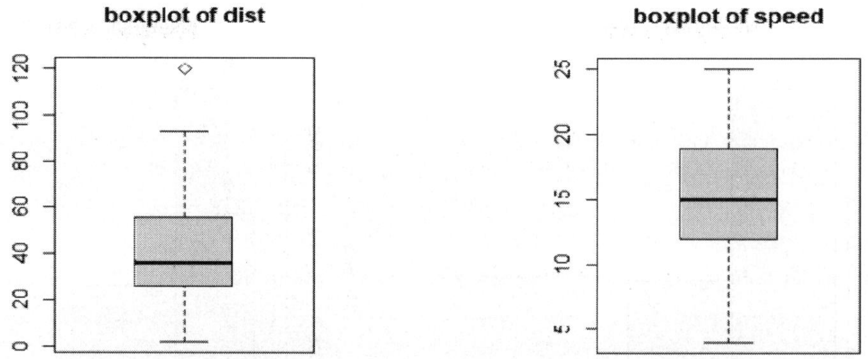

그림 8.22 dist와 speed의 상자그래프

선은 각각 Q1과 Q3를 나타낸다. Q1과 Q3는 각각 데이터의 하위 25%와 상위 25%에 해당하는 값을 의미한다. 상자그래프에서 점선은 데이터의 최솟값과 최댓값까지 그려진다. 이때 최댓값과 최솟값은 Q1과 Q3의 1.5배 안에 위치해야 한다. 만약 최댓값 또는 최솟값이 1.5배를 벗어나는 경우, 해당 값은 이상치(outlier)로 간주되어 사각형으로 표시된다.

오른쪽 그래프(speed)에서는 최댓값과 최솟값이 모두 1.5배 안에 위치하므로 이상치가 없다. 그러나 왼쪽 그래프(dist)에서 최솟값 4는 1.5배 안에 위치하지만, 최댓값 120은 1.5배를 벗어나므로 이상치로 간주되어 사각형으로 표시된다. 따라서, 왼쪽 그래프에서는 최댓값 120이 이상치로 간주된다. 여기서 이상치는 일반적으로 데이터의 특이한 값이나 오차 등으로 인해 발생하는 값을 의미하는데, 데이터의 분석과 해석에 영향을 줄 수 있으므로 주의가 필요하다.

다음 예는 8.2절에서 소개한 mtcars의 변속기 형태에 따른 연비(mpg)의 분포를 boxplot으로 비교하기 위한 것으로, 그림 8.23이 그 결과이다.

```
> par(mfrow=c(1, 1))
> attach(mtcars)
> boxplot(mpg ~ factor(am), data=mtcars,
+ xlab="변속기 종류",      # x축 레이블을 '변속기 종류'로 변경
+ ylab="mpg",             # y축 레이블
+ main="변속기 종류에 따른 연비", # 그래프 제목
+ names=c("자동", "수동")) # x축 범주 이름 지정
```

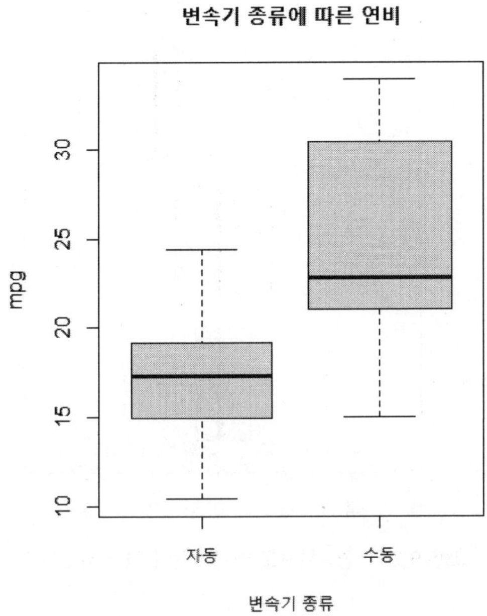

그림 8.23 변속기 종류에 따른 연비 boxplot

그림 8.23은 수동 변속기 차량이 일반적으로 더 높은 연비를 제공하며, 분포도 더 넓다는 것을 보여준다. 이는 수동 변속기가 연비 효율성 면에서 자동 변속기보다 우수할 수 있음을 시사한다. 연비가 넓은 범위로 분포한다는 것은 수동 변속기 차량 간의 성능 차이가 더 클 수 있음을 의미하기도 한다.

이번에는 평균과 표준편차가 다른 정규분포에서 난수(random number)를 100개씩 생성하여 수평 상자그래프를 그려 비교해 보자(그림 8.24).

```
> x <- rnorm(100, 0, 1)  # N(0,1)
> y <- rnorm(100, 0, 2)  # N(0,4)
> z <- rnorm(100, 2, 1)  # N(2,1)
> boxplot(x, y, z, horizontal=T)  # 수평 상자그래프
```

그림 8.24의 상자그래프를 통해 평균의 위치와 분산의 크기를 쉽게 파악하고 비교할 수 있다.

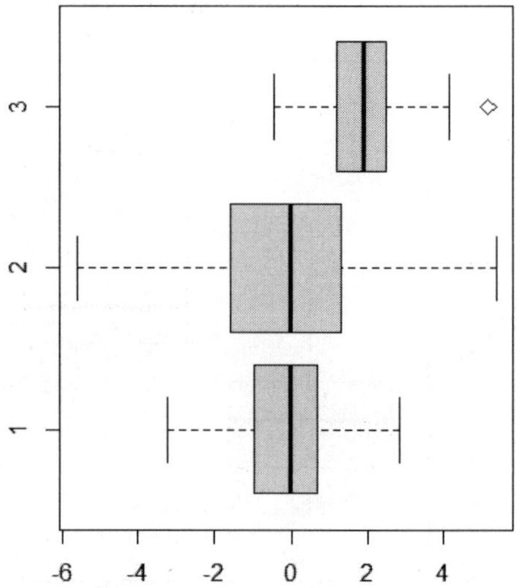

그림 8.24 정규분포를 따르는 난수의 상자그래프

7 줄기-잎-그래프

줄기-잎-그래프(stem and leaf plot)는 양적 자료의 분포를 시각적으로 파악하는 데 도움이 되는 그래프다. 이 그래프는 히스토그램이나 상자그래프와 달리 원본 데이터의 값을 그대로 보존하기 때문에, 데이터의 크기가 크지 않은 경우에 유용하다.

줄기-잎-그래프를 그리기 위해서는 숫자를 줄기(stem)와 잎(leaf)으로 나누어야 하는데, 줄기는 숫자의 일부분을 나타내고, 잎은 숫자의 나머지 부분을 나타낸다. 줄기와 잎을 나누기 위해서는 숫자의 크기에 따라 마지막 한 자리 또는 두 자리를 잎으로, 나머지를 줄기로 정할 수 있다.

R에서는 stem() 함수를 사용하여 줄기-잎-그래프를 그릴 수 있는데, 이 함수는 그래프 창이 아닌 콘솔 창에 그래프를 출력한다. 다음 예는 cars 데이터셋의 dist 변수에 대한 줄기-잎-그래프를 그리는 것이다.

```
> stem(cars$dist)
##
##   The decimal point is 1 digit(s) to the right of the |
##
##    0 | 24004678
##    2 | 002466668822244466
##    4 | 002668024466
##    6 | 046806
##    8 | 04523
##   10 |
##   12 | 0
```

이 줄기-잎-그래프에서 줄기는 10의 자리수, 잎은 1의 자리수를 표현한다. 그런데 줄기는 0~19, 20~39, ..., 120~139를 나타내는데, 예를 들어 줄기가 2인 잎의 0는 20, 앞의 2는 22, 뒤의 세개 2는 32를 나타낸다. 잎이 형성된 구조로부터 데이터의 분포를 알 수 있다. 즉, 20~39의 빈도가 가장 크고, 점점 빈도가 작아져서 100 보다 큰 값은 거의 없다는 사실을 파악할 수 있다.

8 상관계수 행렬 그래프

cor() 함수는 R에서 두 개 이상의 양적 변수 사이에서 상관계수를 계산하는 데 사용된다. 이 함수는 각 변수 쌍 사이의 상관계수를 계산하고, 이러한 값들을 행렬로 반환한다. corplot() 함수는 corrplot 패키지에서 제공되는 함수로, 상관계수 행렬을 그래프로 나타내는 데 사용된다. 이 함수는 행렬을 입력으로 받아, 히트맵 형태의 그래프를 생성한다. 히트맵은 상관계수의 크기와 방향을 시각적으로 나타내며, 양의 상관관계와 음의 상관관계를 구분할 수 있다.

다음은 mtcars 데이터셋을 대상으로 상관계수를 계산하여 상관계수 행렬 그래프를 그리는 예이다. 그 결과는 그림 8.25에서 볼 수 있으며, 상관계수 행렬 그래프에서 파란색은 양, 붉은색은 음의 상관을 나타낸다. 그리고 크기와 진한 정도는 상관계수의 절댓값 크기를 표시한다.

```
> attach(mtcars)
> mcor<-cor(mtcars)
> mcor<-round(mcor, digits=2)
> mcor
##        mpg   cyl  disp    hp  drat    wt  qsec    vs    am  gear  carb
## mpg   1.00 -0.85 -0.85 -0.78  0.68 -0.87  0.42  0.66  0.60  0.48 -0.55
## cyl  -0.85  1.00  0.90  0.83 -0.70  0.78 -0.59 -0.81 -0.52 -0.49  0.53
## disp -0.85  0.90  1.00  0.79 -0.71  0.89 -0.43 -0.71 -0.59 -0.56  0.39
## hp   -0.78  0.83  0.79  1.00 -0.45  0.66 -0.71 -0.72 -0.24 -0.13  0.75
## drat  0.68 -0.70 -0.71 -0.45  1.00 -0.71  0.09  0.44  0.71  0.70 -0.09
## wt   -0.87  0.78  0.89  0.66 -0.71  1.00 -0.17 -0.55 -0.69 -0.58  0.43
## qsec  0.42 -0.59 -0.43 -0.71  0.09 -0.17  1.00  0.74 -0.23 -0.21 -0.66
## vs    0.66 -0.81 -0.71 -0.72  0.44 -0.55  0.74  1.00  0.17  0.21 -0.57
## am    0.60 -0.52 -0.59 -0.24  0.71 -0.69 -0.23  0.17  1.00  0.79  0.06
## gear  0.48 -0.49 -0.56 -0.13  0.70 -0.58 -0.21  0.21  0.79  1.00  0.27
## carb -0.55  0.53  0.39  0.75 -0.09  0.43 -0.66 -0.57  0.06  0.27  1.00

> library(corrplot)
> corrplot(mcor)
> detach(mtcars)
```

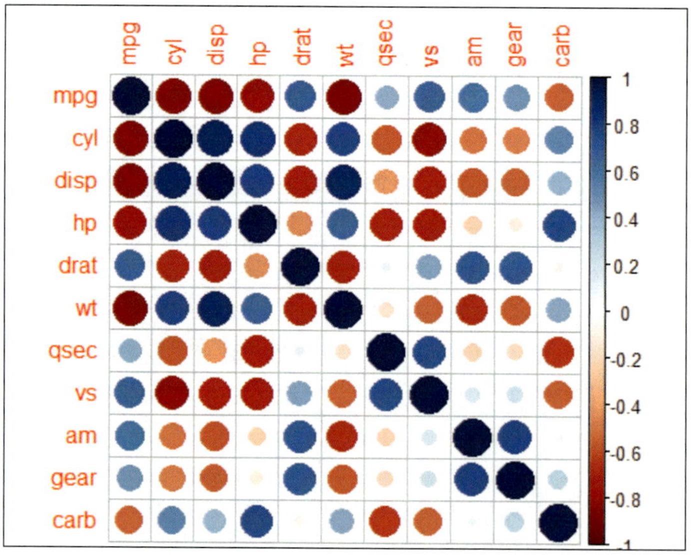

그림 8.25 상관계수 행렬 그래프

9 curve() 함수

curve() 함수는 주어진 함수를 주어진 구간에서 100등분하여 계산하고, 그 결과를 실선으로 그리는 함수이다. 이 함수는 그래프를 그리는 과정에서 x축의 값을 자동으로 계산하여 함수를 평가하고, 그 결과를 연결하여 곡선을 그린다. 다음은 curve()와 plot()으로 sin(x), -3〈x〈3을 그리는 예이며, 결과는 그림 8.26이다.

```
> par(mfrow=c(1,2))
> curve(sin, -3,3, main="curve")
> x <-seq(-3,3,length=101)
> y <-sin(x)
> plot(x,y, type="l",main="plot " )
```

표준정규분포의 확률밀도함수(probability density function, $\sqrt{\frac{1}{2\pi}}e^{-x^2}$)를 그릴 때도 R을 이용할 수 있다(그림 8.27). 확률밀도함수는 dnorm() 함수로 계산한다.

```
> par(mfrow=c(1, 1))
> curve(dnorm, -3, 3, main="normal pdf")
```

내장함수인 sine()과 dnorm()뿐만 아니라 사용자가 만드는 함수(user defined function)

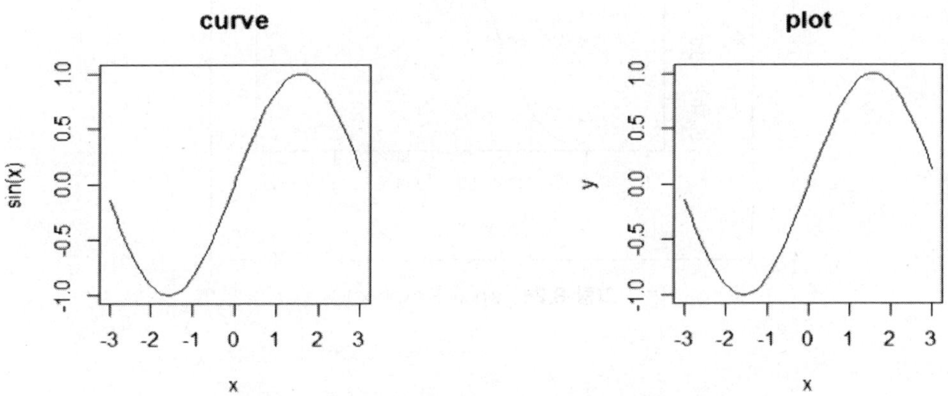

그림 8.26 curve() 와 plot()함수로 그린 sine 곡선

도 curve()로 그릴 수 있다. 다음은 $\sin(x)+\exp(-x^2)$의 그래프를 그리는 예이며, 그림 8.28에 그 결과가 있다. 사용자 정의 함수를 만드는 것은 뒤에서 다룬다.

```
> f<-function(x){return(sin(x)+exp(-x^2))}
> curve(f, -3, 3, main="sin(x)+exp(-x^2)")
```

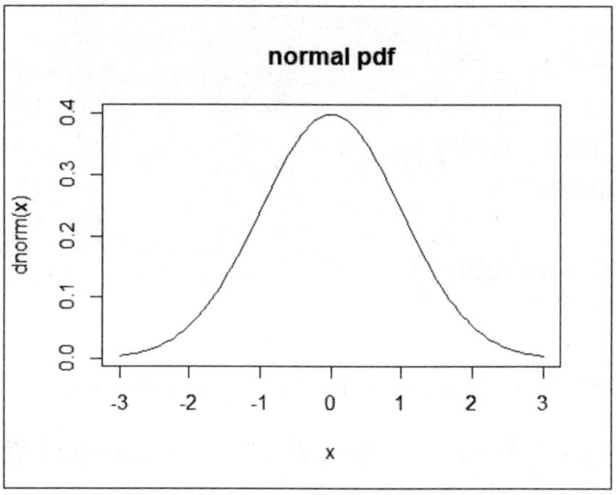

그림 8.27 표준정규분포 확률밀도함수

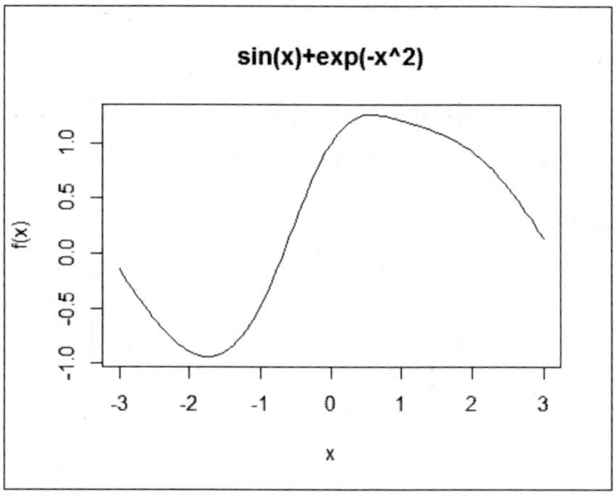

그림 8.28 $\sin(x) + \exp(-x^2)$

10 ggplot2 패키지

ggplot2는 R에서 가장 널리 사용되는 시각화 패키지 중 하나로, 데이터 시각화를 위한 강력한 도구를 제공한다. 그래프를 계층적 구조로 구성하여 다양한 형태의 그래프를 만들 수 있게 해 준다.

ggplot2는 데이터프레임과 aesthetic 매핑을 기반으로 그래프를 생성한다. 기본적인 사용법은 ggplot() 함수를 사용하여 플롯 객체를 생성하고, 다양한 geom 함수를 추가하여 그래프의 형태를 지정하는 것이다. 다음은 mtcars 데이터셋의 wt와 mpg의 산점도를 그리는 예시이며, 그 결과는 그림 8.29에 나타나 있다.

```
library(ggplot2)
## Warning: 패키지 'ggplot2'는 R 버전 4.2.3에서 작성되었습니다
# ggplot() 함수로 플롯 객체 생성
ggplot(data=mtcars, aes(x=wt, y=mpg)) +
      geom_point()  # geom_point() 산점도 추가
```

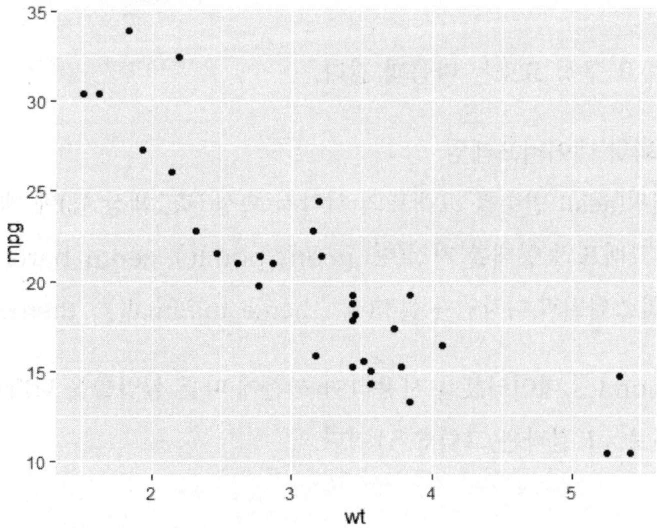

그림 8.29 mtcars$wt 와 mtcars$mpg의 산점도

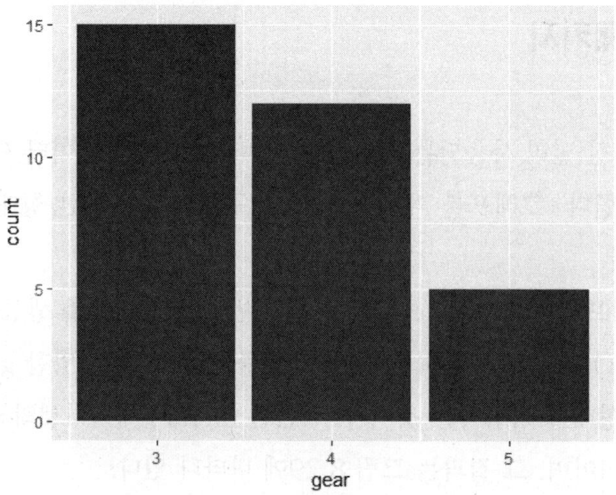

그림 8.30 mtcars$gear의 막대그래프

다음은 mtcars 데이터셋의 gear의 빈도수를 나타내는 막대그래프를 그리는 예시이다(그림 8.30).

```
> ggplot(data=mtcars, aes(x=gear)) +
+  geom_bar()
```

ggplot2의 주요 구성 요소는 다음과 같다.

- 데이터: 시각화할 데이터프레임.
- aesthetic 매핑(aes): 변수를 그래프의 시각적 속성 (축, 색상 등)에 매핑.
- geom 함수: 그래프의 형태를 지정(예: geom_point(), geom_bar() 등).
- 테마: 그래프의 스타일과 디자인을 설정(예: 'theme_minimal()', 'theme_classic()' 등).

다음은 economics 데이터셋을 사용하여 시간에 따른 실업률을 나타내는 선 그래프를 그리는 예시로, 그 결과는 그림 8.31이다.

```
> ggplot(data = economics, aes(x = date, y = unemploy)) +
+  geom_line()
```

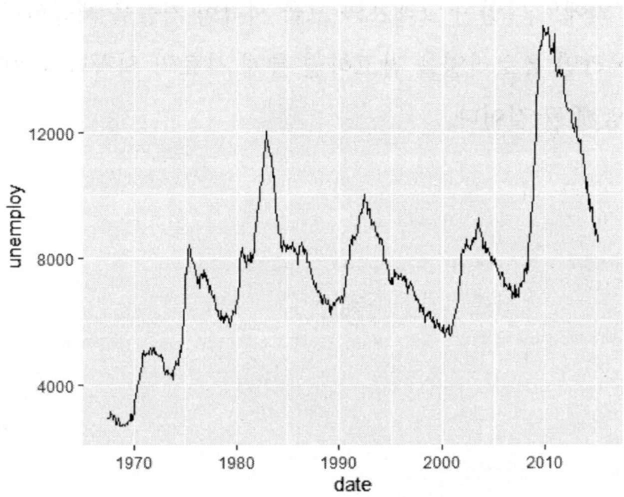

그림 8.31 시간에 따른 실업률 선 그래프

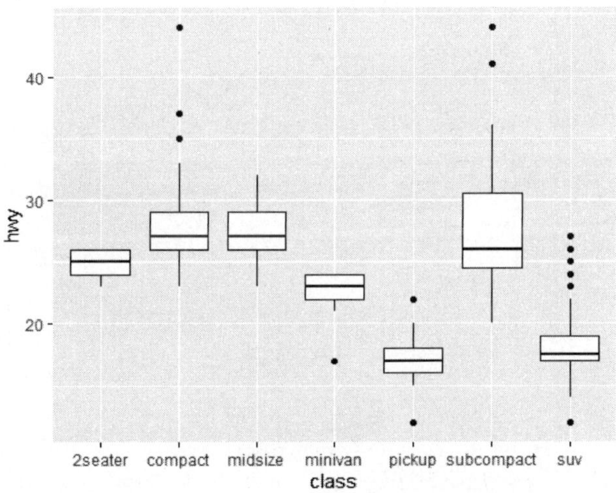

그림 8.32 class별 자동차 연비의 상자 그림

다음은 mpg 데이터셋의 class별 자동차의 연비에 대한 상자 그림을 그리는 예시이다(그림 8.32).

```
> ggplot(data = mpg, aes(x = class, y = hwy))+
+  geom_boxplot()
```

ggplot2는 이 외에도 다양한 그래프와 고급 시각화 기능을 제공한다. 패키지의 공식 문서와 다양한 온라인 튜토리얼을 참고하면 통계 자료의 시각화를 위한 더욱 좋은 그래프를 만들 수 있게 될 것이다.

연습문제

영어성적 <- c(40, 50, 30, 20, 50, 90); 수학성적 <- c(30, 70, 80, 30, 50, 70)일 때 문제 1~4번에 답하시오.

1 각 과목의 성적을 비교하기 위한 boxplot을 그리시오.

2 각 과목의 기초통계량을 구하시오.

3 그래프의 출력 화면을 1*2로 설정하고 각 과목의 히스토그램을 그리시오.

4 영어를 x축, 수학을 y축으로 하는 산점도를 그리시오. x, y축의 시작점은 10, 끝점은 100, 점의 모양은 네모, 점의 크기는 2, 점의 색은 파란색으로 나타내시오.

5 정규분포 N(10, 25)의 확률밀도함수를 curve()와 plot()을 사용하여 각각 그리시오.

6 데이터 (x, y)={(1, 1), (2, 3), (3, 7), (4, 8), (5, 4)}의 산점도를 그리시오.

7 내장된 자료 airquality의 변수 간의 관계를 산점도 행렬을 통해 설명하시오.

8 범주형 자료를 표현할 수 있는 그래프에는 어떤 것이 있는가?

9 시계열 자료를 가장 잘 표현하는 그래프는? 이 그래프의 특징은?

10 mtcars 데이터의 변수 mpg, disp, wt의 관계를 살필 수 있는 적절한 그래프를 그리시오.

11 mtcars 데이터의 변수 mpg의 분포가 gear의 수에 따라 다른지 그래프로 비교하시오.

제 9 장

함수

1. 사용자 정의 함수
2. 유용한 내장함수
3. 모의실험 1

R에서의 함수(function)는 내장함수와 사용자 정의 함수로 나눌 수 있다. 내장함수는 R에 기본적으로 포함되어 있는 함수로, log(), sin() 등과 같이 다른 함수를 이용하지 않고 직접 계산되는 원시함수와 다른 함수를 이용하여 구현되는 고수준 함수로 구성된다. 예를 들어, mean() 함수는 데이터의 합계를 계산하기 위해 sum() 함수를 사용하고, 데이터의 길이를 계산하기 위해 length() 함수를 사용한다. 따라서 mean() 함수는 다른 함수를 이용하는 함수다. 사용자 정의 함수는 사용자가 직접 정의하는 함수이며, 다른 함수를 이용하여 구현될 수도 있다.

```
> log  # 원시함수
## function (x, base = exp(1))  .Primitive("log")

> mean  # 고수준 함수
## function (x, ...)
## UseMethod("mean")  # mean.default() 사용
## <bytecode: 0x000001e64361da40>
## <environment: namespace:base>

> mean.default  # 여러 가지 다른 함수(length(), isnumeric() 등) 이용
## function (x, trim = 0, na.rm = FALSE, ...)
## {
##     if (!is.numeric(x) && !is.complex(x) && !is.logical(x)) {
##         warning("argument is not numeric or logical: returning NA")
##         return(NA_real_)
##     }
##     if (isTRUE(na.rm))
##         x <- x[!is.na(x)]
##     if (!is.numeric(trim) || length(trim) != 1L)
##         stop("'trim' must be numeric of length one")
##     n <- length(x)
##     if (trim > 0 && n) {
##         if (is.complex(x))
##             stop("trimmed means are not defined for complex data")
##         if (anyNA(x))
##             return(NA_real_)
##         if (trim >= 0.5)
##             return(stats::median(x, na.rm = FALSE))
##         lo <- floor(n * trim) + 1
```

```
##          hi <- n + 1 - lo
##          x <- sort.int(x, partial = unique(c(lo, hi)))[lo:hi]
##      }
##      .Internal(mean(x))
## }
## <bytecode: 0x000001e642f59378>
## <environment: namespace:base>
```

이 결과는 mean() 함수가 기본적으로 메서드 디스패치를 사용하여 mean.default() 함수를 호출하도록 설정되어 있음을 보여준다. mean.default() 함수 내에서 주요 사전 작업을 수행한 후, 실제 계산은 R 내부에 C로 작성된 .Internal(mean(x))을 통해 수행된다.

1 사용자 정의 함수

사용자 정의 함수는 사용자가 직접 만든 함수로, R에서 데이터를 분석하고 처리하는 데 필수적인 요소다. 사용자 정의 함수를 만들 때는 function() 함수를 사용한다. function() 함수는 함수의 이름, 인자, 함수 내부의 코드를 정의하는 데 사용된다. function() 함수를 사용하는 방법은 다음과 같다:

```
함수 이름 <- function(인자1, 인자2, 인자3,…){
                              계산과정
                              return(결과)
              }
```

여기서 인자와 return()은 없어도 되며, return()이 없으면 마지막으로 출력되는 값이 반환된다. 함수 안의 계산과정은 print()를 해야 볼 수 있으며, retrun()의 인자는 한 개다.

다음의 예를 통해 살펴보자.

```
> mf <- function(){
+   x <- 5; y <- 10;
+   print(x+2)
+   print(y+10)
+   x+10
+   x
+   y
+ }
```

mf라는 이름의 함수를 정의하였다. 함수의 인자를 입력하는 괄호가 비어 있기 때문에 함수에 필요한 인자는 없다. 이 함수를 만드는 환경 안에서 변수 x, y를 만들고 5와 10을 각각 할당한다. 그리고 x+2와 y+10을 프린트하고, x+10, x, y를 출력하고자 한다.

```
> mf()
## [1] 7
## [1] 20
## [1] 10
```

mf() 함수를 실행하면 print()를 사용한 부분은 모두 출력되지만 print()나 cat() 없이 객체이름 혹은 수식만으로 쓰인 것은 마지막 것만 출력된다. 대부분의 함수의 반환값은 주로 return()을 사용하는데 mf() 함수처럼 return()이 없는 경우에는 마지막으로 출력되는 값이 반환된다.

```
> z <- mf()
## [1] 7
## [1] 20
> z
## [1] 10
```

만약 mf() 함수의 마지막 줄 y를 print(y)로 변경하여도 같은 결과가 반환된다. 그러나 cat() 함수로 출력하면 프린터만 되고 반환은 되지 않는다.

```
> mf1 <- function(){
+   x=5
+   x
+   cat(x-5)
+ }
> mf1()
## 0

> y <-mf1()
## 0

> y
## NULL
```

다시 정리하면, return()이 없으면 함수 안에서 마지막으로 출력되는 값이 반환값이 된다. 단, cat()을 하면 출력만 되고 반환은 되지 않는다. 그러므로 함수를 작성할 때는 return()을 사용하여 반환하고자 하는 값을 명시적으로 지정하고, 중간 계산과정에서 필요한 값을 확인하고 싶으면 print() 혹은 cat() 함수를 사용한다. 그리고 return()으로 반환되는 객체는 오직 한 개다. 다음의 예를 통해 살펴보자.

```
> mf2 <- function(x){
+ y <- x+10
+ z <- x-10
+ return(y, z)
+ }
> x <- 100
> mf2(5)
## Error in return(y, z): 다중인자 반환은 허용되지 않습니다
```

y와 z 값을 반환하기 위해 return(y, z)로 썼는데, 다중인자 반환은 허용되지 않는다는 오류가 나온다. 즉, return(y, z)에서 인자를 두 개 지정해서 오류가 발생했다. 이를 해결하기 위해 y와 z를 묶어서 하나의 객체 c(y, z)로 만들면 된다.

```
> mf2 <- function(x){
+ y <- x+10
+ z <- x-10
+ return(c(y, z))
+ }
> mf2(5)
## [1] 15 -5
```

함수 안에서 사용되는 변수는 국소변수(local variable)인데 함수의 환경에서만 유효하므로 함수 밖의 변수와는 별개다.

```
> x<-100
> mf3 <- function(x){
+ y <- x-10
+ x <- 1
+ return(c(x, y))
+ }
> mf3(x)
## [1] 1  90
> x
## [1] 100
```

함수 안에서 x는 1이지만 함수 밖의 x는 100으로 변화가 없다. 두 x는 서로 다른 환경에 존재하는 것임을 알 수 있다.

함수 인자의 기본값(default)을 지정할 수 있다. 기본값이 있는 인자는 입력값이 있으면 입력값이 우선 사용된다.

```
> fr3 <- function(x, y=10){
+ return(x+y)}
> fr3(5)
## [1] 15

> fr3(5,100)  # 입력되는 값이 우선 됨
## [1] 105
```

그리고 인자는 순서에 의해서 그 값이 결정되지만, 이름에 의해 결정될 수도 있다.

```
> fr4 <- function(x, y){
+ a <- x-10
+ y <- y+10
+ return(c(a, y))
+ }
> fr4(1, 10)
## [1] -9 20

> fr4(y=10, x=1)
## [1] -9 20
```

if 문을 사용하여 절대값을 계산하는 함수 myabs( )를 만들어보자.

```
> myabs <- function(x){
+   if(x<0){return(-x)
+   } else {
+       return(x)
+   }
+ }
> myabs(-2)
## [1] 2

> myabs(c(-1, -2, 3))
## Error in if (x < 0) { : the condition has length > 1
```

if의 조건문(x<0)에서 x는 한 개의 원소를 가진 벡터이어야 한다. 그러므로 myabs() 함수는 길이가 2 이상인 벡터의 절댓값을 구할 수 없다. 그러나 if-else 문을 사용하면 다음과 작성할 수 있다.

```
> myabs <- function(x){
+   return(ifelse(x<0, -x, x))
+   }
> myabs(c(-1, -2, 3))
## [1]  1  2  3
```

반복문을 사용하는 함수를 익히기 위해 for 문으로 1+2+⋯+5를 구하는 프로그램을 작성해 보자.

```
> y <- 0
> for ( i in 1:5){
+   y <- y+i
+ }
>y
##[1] 15
```

1+2+⋯+10을 구하는 프로그램은 다음과 같다.

```
> y <- 0
> for ( i in 1:10){
+   y <- y+i
+ }
> y
##[1] 55
```

이 계산들은 1+2+⋯+n을 구하는 함수를 작성하여 이용하면 한꺼번에 구할 수 있다.

```
> myloop <- function(n){
+   y <- 0
+   for ( i in 1:n){
+         y=y+i
+   }
+ return(y)}
> myloop(5)
## [1] 15

> myloop(10)
## [1] 55
```

이번에는 1:n에서 3의 배수를 찾는 프로그램을 작성해 보자. 3의 배수를 차례대로 벡터에 추가하면서 원하는 결과를 얻는다.

```
> mu3 <- function(n){
+   x <- NULL
+   for ( i in 1:n){
+     if (i %% 3 ==0) x=c(x, i)
+     }
+   return(x)
+   }
> b <- mu3(20)  # 1:20에서 3의 배수
> b
## [1] 3  6  9 12 15 18
```

동일한 동작을 하는 함수를 다음과 같이 다르게 작성할 수 있다.

```
> mu4 <- function(n){
+   x <- NULL
+   j <- 1
+   for ( i in 1:n){
+     if (i %% 3 ==0){
+     x[j] <- i
+     j <- j+1 }
+     }
+   return(x)
+   }
> mu4(20)
## [1]  3  6  9 12 15 18
```

mu3()과 mu4() 함수는 빈 벡터에 값을 추가하는 방법으로 원하는 결과를 얻었다. 벡터에 값을 추가하면서 길이를 크게 하는 것은 새로운 벡터를 만드는 것과 같기 때문에 계산시간이 많이 소요되므로 피하는 것이 좋다. 그러므로 원하는 길이를 가진 벡터를 미리 만들어 놓고 값을 입력하는 다음과 같은 방법을 권장한다.

```
> mu5 <- function(n){
+   x <- numeric(as.integer(n/3))  # 벡터 공간 확보
+   j <-1
+   for ( i in 1:n){
```

```
+     if (i %% 3 ==0){
+     x[j] <- i
+     j <- j+1 }
+     }
+   return(x)
+ }
> mu5(20)
## [1]  3  6  9 12 15 18
```

다음의 예는 1:n 중 2의 배수와 3의 배수를 반환하는 프로그램이다. 2의 배수가 저장된 벡터 m2와 3의 배수가 저장된 m3를 저장한 리스트가 반환된다.

```
> mu5 <- function(n){
+   x <- numeric(as.integer(n/2))
+   y <- numeric(as.integer(n/3))
+   j <- 1
+   k <- 1
+   for ( i in 1:n){
+     if (i %% 2 ==0) {x[j]=i ; j <- j+1}
+     if (i %% 3 ==0) {y[k]=i ; k <- k+1}
+   }
+   return(list(m2=x, m3=y)) # 리스트 반환
+   }
> y <- mu5(20)
> str(y)
## List of 2
##  $ m2: num [1:10] 2 4 6 8 10 12 14 16 18 20
##  $ m3: num [1:6] 3 6 9 12 15 18

> y
## $m2
##  [1]  2  4  6  8 10 12 14 16 18 20
##
## $m3
## [1]  3  6  9 12 15 18
```

2 유용한 내장함수

R 내부에 있는 내장함수 중 유용한 몇 가지를 알아보자. 먼저 알아볼 함수는 배열의 외적(outer product)을 구하는 outer() 함수이다. outer() 함수는 두 배열 X, Y의 각 원소에 함수 F()를 적용하여 차원이 c(dim(X), dim(Y))인 배열을 만든다. 결과의 (i, j) 번째 원소는 F(X(i), Y(j))이다. 다음의 예를 통해 살펴보자.

```
> x <- 1:3  # 1차원 배열
> y <- 5:8  # 1차원 배열
> outer(x, y, FUN ="+")  # 2차원 배열
##      [,1] [,2] [,3] [,4]
## [1,]    6    7    8    9
## [2,]    7    8    9   10
## [3,]    8    9   10   11

> f <- function(a, b){a+b-a*b}  # 사용자 정의 함수
> outer(x, y, FUN=f)
##      [,1] [,2] [,3] [,4]
## [1,]    1    1    1    1
## [2,]   -3   -4   -5   -6
## [3,]   -7   -9  -11  -13
```

다음 예는 문자열을 결합하는 paste()와 paste0() 함수에 대한 것이다.

```
> paste('a', 'b')  # sep의 기본값은 한 칸 띄움
## [1] "a b"

> paste('a', 'b', sep="")  # 빈칸 없이 문자 결합
## [1] "ab"

> paste('a', 'b', sep="          ")  # 긴 빈칸
## [1] "a          b"

> paste('a', 'b', sep=":")  # ':'으로 결합
## [1] "a:b"
```

```
> x <- 5
> paste('a', x)  # =paste('a', '5', sep=" ")
## [1] "a 5"

> paste0('a', x)  # =paste('a', '5', sep="")  # paste0() 함수
## [1] "a5"
```

구성 요소를 동일한 분포에서 독립적으로 랜덤하게 추출한 것을 랜덤표본(random sample)이라고 한다. 난수(random number)는 랜덤표본의 실현 값을 의미한다. 예를 들어 표준정규분포 N(0,1)에서 추출된 크기 5인 랜덤표본은 $X_1, \cdots, X_5$처럼 확률변수이지만 이를 실현한 값(난수)은 1.212, 0.773, -2.001, 0.039, -1.0507처럼 실숫값으로 표현된다. 난수를 생성하는 대표적인 R 함수는 sample()인데, 이는 이산형 분포에서 난수를 생성한다.

sample(x, n, replace=T, prob=p)

- x: 모집단을 의미하는 벡터
- n: 표본의 크기
- replace: 복원 추출 여부, FALSE(비복원 추출)가 기본
- p: 확률 벡터. x의 각 구성 원소가 추출될 확률. 기본값은 동일 확률

크기가 3인 모집단에서 크기가 5인 표본을 비복원 추출하는 것은 불가능하다.

```
> sample(1:3,5)  # 1:3에서 크기가 5인 비복원 추출 표본
## Error in sample.int(length(x), size, replace, prob): 'replace = FALSE' 일 때는 모집단보
다 큰 샘플을 가질 수 없습니다

> set.seed(1); x <- sample(1:6, 2)  # 1:6에서 비복원으로 크기가 2인 표본
> x
## [1] 1 4

> mean(x)  # 평균
## [1] 2.5

> sd(x)  # 표준편차
```

```
## [1] 2.12132

> sample(1:6, 1)  # 주사위 한 번 던지는 실험
## [1] 5

> sample(1:3, 5, replace=T, prob=c(9, 1, 1))  # 다른 추출 비율. 확률이 아니어도 됨.
##  [1] 1 3 2 1  1
```

3 모의실험 1

실제 실험을 수행하는 데 시간과 비용이 많이 소요되는 경우, 유사한 조건에서 모의실험(simulation)을 통해 대안을 찾을 수 있다. 실제와 유사한 환경을 만들기 위해서는 실제 환경의 분포를 알아야 한다. 동전을 던지는 실험은 각 면이 나올 확률이 0.5라는 것을 알기 때문에 모의실험이 가능하다. 그러나 손상된 동전을 던지는 모의실험은 앞면과 뒷면이 나올 확률을 모르기 때문에 모의실험을 할 수 없다. 모의실험을 위해서는 실제 환경의 분포를 추정해야 한다. 이를 위해 과거의 데이터를 모으거나, 전문가의 의견을 수렴하거나, 실험을 통해 데이터를 취합할 수 있다.

1) 동전 던지기

동전 던지기의 결과는 오직 두 가지이고 각각의 확률이 1/2로 동일하다. 동전을 한 번 던져 앞면이면 “1”, 뒷면이면 “0”을 출력하는 프로그램을 작성하자. 결과는 두 가지(0과 1)이고 각 확률은 1/2이라는 것이 실제 환경이다. 0과 1 중에서 랜덤하게 한 개를 추출하는 실험은 동전 던지기와 같은 환경을 가지는 실험이다. 이를 위해 랜덤추출 함수 sample()를 이용한다.

```
> sample(c(0,1), 1)
## [1] 0
```

동전을 한 번 던져 앞면이면 “head”, 뒷면이면 “tail”을 출력하려면 다음과 같다.

```
> a<-sample(c(0, 1), 1)
> ifelse(a==1, "head", "tail")
## [1] "tail"
```

동전 던지는 실험을 20번 반복하여 앞면이 나온 횟수를 출력하면 다음과 같다.

```
> x <- sample(0:1, 20, replace=T)
> sum(x)
## [1] 8
```

이번에는 동전이 손상되었고, 던졌을 때 앞면이 나올 확률이 0.7이었다고 가정하면, 실험을 20번 반복했을 때 다음과 같은 결과를 얻는다.

```
> x <- sample(0:1, 20, T, c(0.3, 0.7))
> sum(x)
## [1] 15
```

실험 결과는 이전의 결과와 동일한가? 동전 던지는 실험의 결과는 매번 달라지겠지만 결과를 비교할 수 있도록 하면 좋겠다. 다음과 같이 초기치(seed)를 결정하는 set.seed()를 사용하면 랜덤추출의 결과를 동일하게 할 수 있다.

```
> set.seed(12345)  # 정수 초기치 사용
> x <- sample(0:1, 20, T, c(0.3, 0.7))
> sum(x)
## [1] 12
```

몇 번을 해도 같은 결과를 얻을 수 있다. 난수를 추출할 때 초기치를 결정하는 set.seed()는 프로그램을 비교할 때 많이 사용한다.

동전을 던져서 앞면이면 +1원, 뒷면이면 -1원인 실험을 10번 했을 때 이익은? 100번 했을 때의 이익은? 1,000번 했을 때의 이익은? 10,000번 했을 때의 이익은? 이를 프로그램으로 구현해 보자. 먼저 동전을 10번 던지면서 이익을 계산한다.

```
> mymoney <- 0  # 현재 가진 돈
> n <- 10 ; set.seed(1)
> for(i in 1:n){
+   x <- sample(0:1, 1)
+   if (x==1) {mymoney<-mymoney+1
+   }else {
+     mymoney<-mymoney-1}
+ }
> mymoney
## [1] -2
```

동전 n(=10)개를 한꺼번에 던지는 실험을 한다. 이 실험은 한 개의 동전을 n번 던지는 실험과 확률적으로 동일한 실험이다.

```
> n <- 10
> x <- sample(0:1, n, T)
> coin_toss <- ifelse(x==1, 1, -1)
> mymoney <- sum(coin_toss)
```

이 프로그램을 이용해서 1,000번, 10,000번 던졌을 때 이익이 얼마가 나올지 직접 실행해 보기 바란다.

2) 주사위 던지기

동전보다 경우의 수가 더 많은 주사위 던지는 모의실험을 진행해 보자. 주사위를 세 번 던져 나온 눈의 평균과 표준편차를 반환하는 함수 dice3()를 작성하면 다음과 같다.

```
> dice3 <- function(){
+  a=sample(1:6, 3, replace=T)
+  return(c(mean(a), sd(a)))
+  }
> dice3()
## [1] 4.666667 1.527525
```

주사위를 m번 던져 나온 눈의 평균과 표준편차를 반환하는 dicem()은 다음과 같다.

```
> dicem<-function(m){
+  a<-sample(1:6, m, replace=T)
+  return(c(mean(a), sd(a)))
+ }
> x<-dicem(10)  # 10번 던진 결과
> x
## [1] 2.900000 1.911951

> dicem(100)  # 100번
## [1] 3.800000 1.705606

> dicem(10000)  # 10000번
## [1] 3.499700 1.699143
```

주사위 던지는 실험을 여러 번 반복하여 비교해 보자. 주사위를 5번 던져 평균을 구하는 작업을 10번 반복하는 함수 dice5.10()을 정의하자.

```
>  dice5.10 <- function(){
+   v <- numeric(10)
+   for(i in 1:10){  # 10번 반복
+     m <- mean(sample(1:6, 5, replace=T))  # 5번 던진 평균
+     v[i] <- m
+   }
+  return(v)
+ }
>  dice5.10()
##  [1] 3.6 2.2 5.6 4.6 3.0 2.2 3.0 3.4 4.4 4.6
```

dice5.10()를 더 일반화해서 주사위를 n번 던진 평균을 구하는 작업을 m번 반복하는 함수 dice.n.m()를 작성하면 다음과 같다.

```
> dicen.m <- function(n, m){
+   v <- numeric(m)  # m번 반복
+   for(i in 1:m){
+     v[i] <- mean (1:6, n, replace=T)  # n 번 던진 평균
+    }
+  return(v)
+ }
> dicen.m(10, 2)  # 10번 던진 평균을 구하는 실험을 2번 반복
## [1] 4.5 3.1
```

이번에는 조금 더 복잡한 모의실험을 수행해 보자. 주사위를 두 번 던져서 최댓값을 구하는 실험을 100번 반복할 때, 1~6은 각각 몇 번씩 나오는가? 이를 모의실험으로 알아보는 함수 two.dice.max.100()을 작성하면 다음과 같다.

```
> set.seed(1)
> two.dice.max.100 <- function(){
+    v <- numeric(100)
+    for(i in 1:100){
+          v[i] <- max(sample(1:6, 2, replace=T))
+        }
+     return(table(v))
+     }
> two.dice.max.100()
## v
## 1  2  3  4  5  6
## 2  6 15 18 27 32
```

주사위를 두 번 던져서 나온 최댓값이 2가 될 확률은 3/36인데, 실험에서는 비율이 6/100으로 나왔다. 그리고 6이 될 확률은 11/36인데 실험에서는 32/100로 나왔다. 이를 막대그래프로 표현하면 그림 9.1이 나온다.

```
> barplot(two.dice.max.100())  # 빈도표를 막대그래프로
```

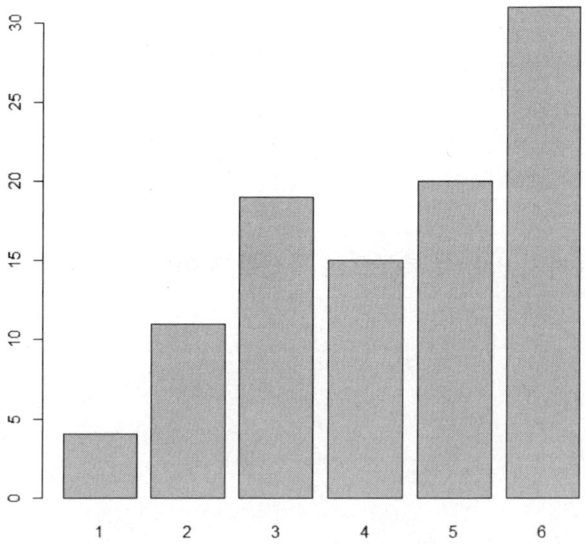

그림 9.1 모의실험 결과 막대그래프

3) 정수 추출 모의실험

이 절에서는 1에서 100 사이의 정수에서 10개를 비복원 추출하여 그중에서 50 이하가 몇 개인지, 그리고 그들의 합이 얼마인지를 구하는 프로그램을 다양하게 작성해 볼 것이다.

```
> set.seed(1)
> x <- sample(1:100, 10)  # 추출결과 저장
> x
## [1] 68 39  1 34 87 43 14 82 59 51

> cn <- 0  # 50 이하 개수
> sum.less.50 <- 0  # 50 이하 수의 합
> for(i in 1:10){
+     if(x[i]<=50){
+       cn <- cn+1
+       sum.less.50 <- sum.less.50+x[i]
+     }
+  }
```

```
> cn
## [1] 5

> sum.less.50
## [1] 131
```

다음은 인덱스를 사용하지 않는 반복문으로 작성한 것이다.

```
> cn <- 0
> sum.less.50 <- 0
> for(a in x){
+     if(a<=50){
+       cn <- cn+1
+       sum.less.50 <- sum.less.50+a
+     }
+   }
> cn
## [1] 5

> sum.less.50
## [1] 131
```

이는 일반적인 프로그래밍 언어에서 작성하는 형태다. 그러나 R에서는 벡터화 연산이 가능하기 때문에 다음과 같이 간단하게 작성할 수 있다.

```
> x<=50  # 50 이하인가?
##  [1]  FALSE  TRUE  TRUE  TRUE FALSE  TRUE  TRUE FALSE FALSE FALSE

> sum(x<=50)  # 50 이하인 것의 갯수
## [1] 4

> x[x<=50]  # 50 이하 값
## [1] 39 1 34 43 14

> sum(x[x<=50])  # 50 이하인 수의 합
## [1] 131
```

ifelse 문을 사용하면 다음과 같다.

```
> sum(ifelse(x<=50, 1, 0)) ; sum(ifelse(x<=50, x, 0))
[1]  5
[1] 131
```

앞에서 본 것처럼 같은 목적을 위하여 여러 가지 방법을 사용한 프로그램을 작성할 수 있지만, 프로그램의 효율성 관점에서 반복문은 피하는 것이 좋다.

다음은 반복 실험에 많이 사용되는 replicate() 함수에 대해 알아보자.

replicate(n, expr)

- n: 반복 수
- expr: 계산 수식(함수)

replicate() 함수를 사용하는 예로, 주사위를 100번 던져 평균을 구하는 실험을 10번 반복하는 실험을 한다. 이를 위해 먼저 100번 던진 평균을 구하는 dice.100. mean() 함수를 만든다.

```
> dice.100.mean <- function() {
+    return(mean(sample(1:6, 100, replace=T)))
+ }
>set.seed(1)
> dice.100.mean()
## [1] 3.52
```

dice.100.mean()를 10번 반복 실행한다.

```
> for ( i in 1:10){
+    print(dice.100.mean())
+ }
## [1] 3.33
## [1] 3.64
```

```
## …
## [1]3.58
```

이를 replicate() 함수를 사용하여 나타내면 다음과 같다.

```
> replicate(10, dice.100.mean())
##  [1] 3.26 3.59 3.27 3.52 3.41 3.63 3.60 3.63 3.31 3.47

> replicate(10, mean(sample(1:6,100, replace=T)))
## 3.29 3.66 3.48 3.45 3.39 3.50 3.63 3.79 3.92 3.67
```

위에서 replacate()의 결과는, replacate()에서 사용된 함수의 n개 출력결과를 묶은 벡터임을 알 수 있다. 만약 결과가 벡터인 함수를 replicate()에 적용하면 각 함수의 결과가 열이 되는 행렬이 출력된다. 다음의 예를 통해 살펴보자.

```
> replicate(5, sample(1:10, 2))
##      [,1] [,2] [,3] [,4] [,5]
## [1,]    1    6    8    6    7
## [2,]    3    1    5   10    3
```

정수 1~n(n>1)에서 m개를 복원추출하여 평균을 구하는 작업을 k번 반복하는 프로그램을 작성하면 다음과 같다.

```
> foo <- function(n, m) {
+   return( mean(sample(1:n, m, replace=T)))
+ }
>  set.seed(1); foo(6, 10)  # 1:6에서 10개를 복원추출하여 평균 구함.
## [1] 3

>  replicate(50, foo(6, 10))  # 1:6에서 10개를 복원추출하여 평균 구하는 작업을 50번 반복
## [1] 3.8 3.3 3.6 3.0 4.2 3.6 … 3.5 3.8 4.0 4.2
```

이는 n=6, m=10, k=50의 결과이다. 이 작업을 하나의 함수로 다음과 같이 작성할 수 있다.

```
> bar <- function(k, n, m) {
+       replicate(k, foo(n, m))
+   }
>
> set.seed(1); bar(20, 6, 10)
##  [1] 3.0 3.8 3.3 3.6 3.0 4.2 3.6 4 … 2.9
```

주사위를 세 개 던져 가장 큰 값과 작은 값의 차이(최댓값-최솟값)는 0,1, …, 5인데 각각 나올 확률은 얼마인가? 이론적으로 확률을 계산할 수 있으나, 100번 실험하여 나온 비율로 추정해 보면 다음과 같다.

```
> set.seed(1) ;
> out<-numeric(100);
> for(i in 1:100){
+   x<-sample(1:6,3,replace=T)  # 주사위 3개 던짐
+   out[i]<-max(x)-min(x)  # 최댓값-최솟값
+ }
> table(out)  # 도수분포표
## out
##  0  1  2  3  4  5
##  3 17 16 25 23 16

> table(out)/100  # 비율 구하기
## out
##    0     1     2     3     4     5
## 0.03  0.17  0.16  0.25  0.23  0.16
```

데이터프레임 혹은 배열에 적용되는 apply() 함수를 사용하면 코드를 쉽고 간단하게 작성할 수 있다(자세한 내용은 11장 참조).

apply(x, b, FUN, …)

- x: 배열
- b: FUN이 적용될 x의 차원
- FUN: 적용될 함수

다음의 예를 통해 살펴보자.

```
> x <- matrix(1:6, ncol=2)  # 3×2 행렬
> x
##      [,1] [,2]
## [1,]    1    4
## [2,]    2    5
## [3,]    3    6

> apply(x, 1, sum)  # 행별로 합
## [1] 5 7 9

> apply(x, 2, sum)  # 열별로 합
## [1]  6 15

> apply(x, 1, function(x){mean(x)-min(x)})  # 행별로 정의된 함수 계산
## [1] 1.5 1.5 1.5

> h <- function(x){mean(x)-min(x)}
> apply(x, 1, h)  # 행별로 미리 정의된 함수 계산
## [1] 1.5 1.5 1.5
```

주사위를 세 개 던지는 실험을 100번 반복하여 100번의 각 실험에서 범위를 구한 후 범위의 빈도표를 작성하면 다음과 같다.

```
> set.seed(1)
> y <- replicate(100, sample(1:6, 3, replace=T))  # 100번 반복한 것을 저장
> dim(y)
## [1]   3 100  # 주사위를 세 개 던지는 실험을 100번 반복

> dif <- apply(y, 2, function(x){max(x)-min(x)})  # 열별 범위 계산
> dif
## [1] 3 3 4 4 …3 5 2

> table(dif)/100
## dif
##    0    1    2    3    4    5
## 0.03 0.17 0.16 0.25 0.23 0.16
```

4) 확률추정과 기댓값

주사위를 10번 던져 나온 값의 최댓값과 분산의 차이가 2 미만이면 100원을 얻고, 2 이상이면 100원을 잃는다. 여러분은 이러한 내기를 할 것인가? 확률을 모르면 기댓값을 계산할 수 없으므로 내기에 참석할 것인지 결정하기가 어렵다. 주사위를 10번 던지는 실험을 100회 반복했을 때의 확률을 다음과 같이 R 프로그램으로 추정해 보자.

```
> set.seed(1)
> win=numeric(100)
> for(i in 1:100){
+   x <- sample(1:6, 10, replace=T)
+   diff <- abs(max(x)-var(x))
+   win[i] <- ifelse(diff<2, 1, 0)
+ }
> sum(win)/100
## [1] 0.19
```

참고

반복문 사용하지 않기

```
> set.seed(1)
> x = replicate(100, sample(1:6, 10, replace=T))
> sum(apply(x,2,max) - apply(x,2,var) < 2 )/100
```

실행 결과 100회 중 19번을 이겼다. 이런 게임은 하지 않는 것이 좋다. 역할을 바꾸자고 요구하면 상대방은 아마 거절할 것이다. 그러면 차이를 2에서 4로 바꿀 것을 요구하면 상대방은 나의 요구에 응할까? 이 기준이 누구에게 유리한지 모의실험으로 다시 살펴보자. 동일한 작업을 반복하여 실행하므로 함수를 작성하는 것이 더 좋다.

```
> coin.toss.win<-function(k){  # k 미만이면 내가 이김
+   win=numeric(100)
+   for(i in 1:100){
+     x <- sample(1:6, 10, replace=T)
+     diff <- abs(max(x)-var(x))
```

```
+     win[i] <- ifelse(diff<k, 1, 0)
+   }
+   return(sum(win)/100)
+ }
> set.seed(1)
> coin.toss.win(4)
## [1] 0.94
```

내가 100회 중 94회 이겼다. 상대방은 이 기준으로는 게임을 하고 싶지 않을 것이다. 그러면 모두가 만족할 수 있는 기준을 만들 수 있을까? 기준 k를 얼마로 하면 이길 확률이 0.5로 모두 만족할 수 있을까? 기준값이 2이면 내가 불리하고 4이면 상대가 불리하니 공정한 기준값은 2와 4 사이에 있을 것이므로 2와 4 사이를 100등분하여 좀 더 세밀하게 살펴보자.

```
> win.ratio <- numeric(100)  # 100개의 기준값에서 내가 이긴 비율 저장
> m <- seq(2, 4, length=100)  # 기준값
> for(i in 1:100){
+   set.seed(1)
+   win.ratio[i] <- coin.toss.win(m[i])
+ }
> data.frame(threshold=m, win.ratio)
##      threshold win.ratio
## 1     2.000000      0.19
## 2     2.020202      0.20
## 3     2.040404      0.20
##...
## 41    2.808081      0.48
## 42    2.828283      0.48
## 43    2.848485      0.52
## 44    2.868687      0.52
## 45    2.888889      0.52
##...
## 99    3.979798      0.93
## 100   4.000000      0.94
> (k <- which(win.ratio>=0.4 & win.ratio<=0.6)) # which() 함수는 조건을 만족하는 인덱스
                                                   반환
##  [1] 32 33 34 … 53 54 55
```

```
> m[k]
## [1] 2.626263 2.646465 …3.070707 3.090909
```

이 결과에 따르면, 내가 이길 확률이 [0.4, 0.6] 구간에 해당하는 기준값은 2.63~3.1이다. 확률이 0.5가 되는 기준값은 이 사이에 있을 것으로 추측된다. 그런데 시행 횟수가 더 많아지면 결과가 다르게 나올 수 있다. 시행 횟수를 고려한 함수를 다시 작성하자.

```
> coin.toss.win <- function(num_simulations, k){
+   win=numeric(num_simulations)
+   for(i in 1:num_simulations){
+     x <- sample(1:6, 10, replace=T)
+     diff <- abs(max(x)-var(x))
+     win[i] <- ifelse(diff<=k, 1, 0)
+
+   }
+   return(sum(win)/num_simulations)
+ }
```

그리고 1000번 반복하는 실험을 다시 하고 결과를 그래프로 나타낸다.

```
> num_simulations=1000
> win.ratio <- numeric(100)
> m <- seq(2.63, 3.1, length=100 )
> for(i in 1:100){
+   set.seed(1)
+   win.ratio[i]<-coin.toss.win(num_simulations, m[i])
+ }
> plot(m, win.ratio)
> abline(h=0.5)
```

그림 9.2는 동일한 자료에 기준값을 다르게 주었을 때 이긴 비율을 나타낸 것인데, 2.85~2.90 근방에 공정한 기준값이 존재한다는 것을 알 수 있다. 그러나 초기치(seed)를 변경해서 표본이 다르게 추출되면 결과가 다르게 나올 수 있다는 것을 감안한다면 정확한 값을 얻기 위해서는 더 많은 시행과 데이터를 통해야 할 것이다. 기준마다 다른 자

료를 이용하여 1,000번 반복한 결과가 그림 9.3에, 100,000번 반복한 결과가 그림 9.4에 나타나 있다. 이 그림에서 최적의 기준은 2.9 근방이라는 것을 확인할 수 있다.

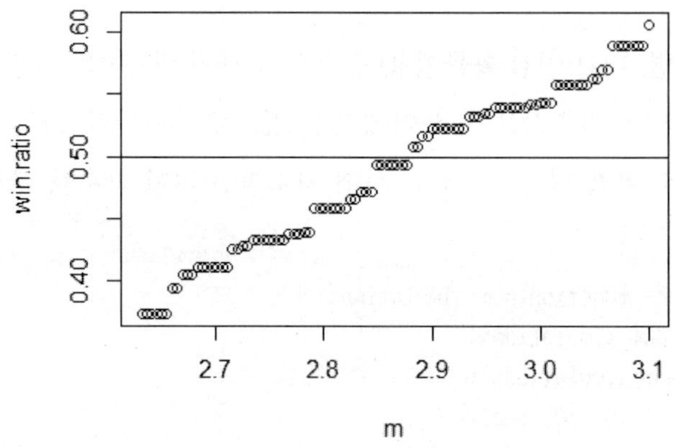

그림 9.2 기준값과 이길 확률 추정(동일 자료)

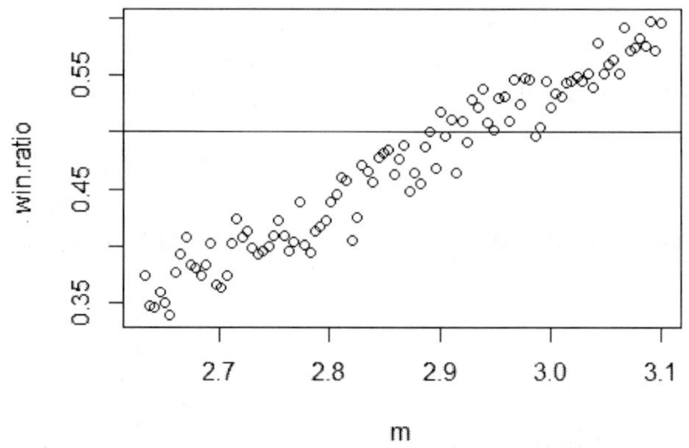

그림 9.3 다른 자료를 이용한 기준값과 이길 확률 추정(1,000 반복)

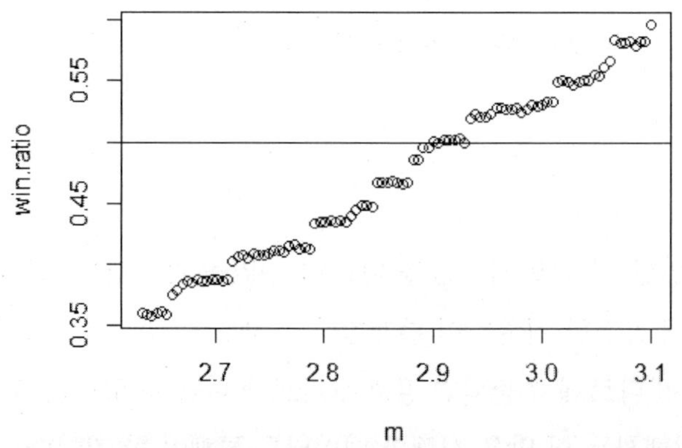

그림 9.4 다른 자료를 이용한 기준값과 이길 확률 추정(100,000 반복)

연습문제

1 주사위를 5개 던진다. 5개 중 6이 한 번도 나오지 않으면 성공이다. 한 번 실험하여 결과를 확인하시오.

2 1번 문제의 실험을 10번 반복하여 성공 횟수를 헤아린다.

3 2번 문제의 실험을 100번 반복하여 각 10번 중 성공 횟수의 비율을 구하시오.

4 x <- c(2, 2, 2, 0, 2, 2, 1, 1, …, 0, 3)와 같이 숫자 0, 1, 2, 3으로 이루어진 길이가 100인 벡터를 만들고 다음 문제에 답하시오.

1) 2가 연속 2번 나온 횟수를 계산하는 함수를 작성하시오. 단, 3번 연속인 2, 2, 2는 2번 연속이 2회로 간주한다.

2) 2가 연속 3번 나온 횟수를 계산하는 함수를 작성하시오.

힌트

```
> x <- sample(0:3, 100, replace=T)
> A <- data.frame(x=x[1:99], y=x[2:100])
> B <- subset(A, x==2 & y==2)
> dim(B)[1]
```

5 길이가 n인(n>1) x 벡터를 입력받아 1*x[1]+2*x[2]+…+n*x[n]을 구하는 함수를 작성하시오.

1) 반복문 사용

2) (1:length(x))*x 이용

6 동전을 던져 앞면이 나오면 성공이라 한다. 10번 던졌을 때의 성공률을 구하시오. 이 실험을 100번 반복하여 성공률의 평균, 분산을 구하고 성공률의 히스토그램을 그리시오.

7 6이 나올 확률이 다른 수가 나올 확률의 2배인 주사위가 있다. 이 주사위의 평균과 중앙값을 모의실험을 통해 구하시오.

8 주사위를 6이 나올 때까지 던진 횟수가 6일 확률을 모의실험으로 추정하시오.

참고 자료: 다양한 함수와 모의실험 예시

1. 동전을 5번 던지면서 앞면과 뒷면이 나온 횟수의 비율을 구하고 산점도를 그리려고 한다. 누적합을 구하는 내장함수 cumsum() 함수를 이용한다.

```
> x=c(4, 1, 2, 3)
> cumsum(x)
##[1]  4  5  7 10

> set.seed(1)
> x <- sample(c(0,1), 5, replace=T)
> x
## [1] 0 0 1 1 0

> (head_ratio <- cumsum(x)/(1:5))  # 1(앞면)의 순차적 비율
## [1] 0.0000000 0.0000000 0.3333333 0.5000000 0.4000000
```

동전을 100번 던지면서 앞면이 나온 비율을 추적하여 그래프로 나타내면 그림 9.5와 같다.

```
> set.seed(1)
> x <- sample(c(0,1), 100, replace=T)
> plot(cumsum(x)/1:100, type="l")
> abline(h=0.5)
```

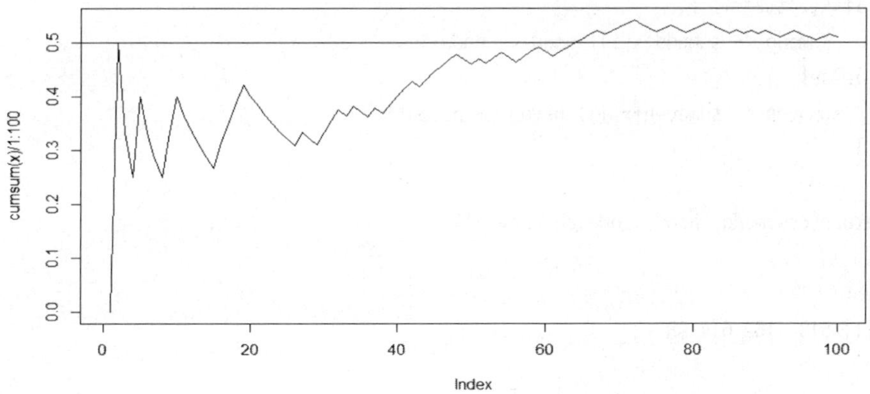

그림 9.5 동전 100번 던지기 결과

2. 1부터 n까지의 숫자 중 3 또는 7의 배수의 개수와 그 합을 출력하는 함수를 만들어 보자.

```
> multi3.7 <- function(n){
+   p <- 0; s <- 0
+   for(i in 1:n){
+       if(i%%3==0 | i%%7==0) {
+       p <- p+1
+       s <- s+i
+       }
+   }
+ return(c(p, s))
+ }
> multi3.7(8)
## [1]  3 16
```

3. 1:10에서 200개의 난수를 뽑아, 홀수의 합, 홀수의 개수, 짝수의 합, 짝수의 개수를 구하는 함수 amb을 만들어 보자. set.seed(1)로 지정한다(sumodd=홀수의 합, nodd=홀수 개수, sumeven=짝수의 합, neven=짝수 개수),

```
> amb <- function(){
+   set.seed(1)
+   x <- sample(1:10, 200, replace=T)
+   sumodd <- 0; nodd <- 0; sumeven <- 0; neven <- 0
+ for(i in 1:length(x)){
+   if(x[i]%%2==1) {
+      sumodd <- sumodd+x[i]; nodd <- nodd+1
+   }else{
+     sumeven <- sumeven+x[i]; neven <- neven+1
+   }
+ }
+ return(c(sumodd, nodd, sumeven, neven))
+ }
> amb()
## [1] 518  102 614 98
```

반복문을 쓰지 않고 작성하면 다음과 같다.

```
> amb <- function(){
+   set.seed(1)
+   x <- sample(1:10, 200, replace=T)
+   sumodd <- sum(x[x%%2==1])
+   nodd <- sum(x%%2==1)
+   sumeven <- sum(x[x%%2==0])
+   neven <- sum(x%%2==0)
+   return(c(sumodd, nodd, sumeven, neven))
+ }
> amb()
## 518 102 614 98
```

4. 길이가 3 이상인 하나의 벡터를 입력받아 잔차를 구하는 함수 dev()를 만들고 싶다. 벡터의 길이가 3 이하이면 "입력벡터 확인"을 출력하고, 'error' 반환한다.

```
> dev <- function(x) {
+   if(length(x)<3) {
+     cat("입력벡터 확인.", "\n"); return('error'); break
+     } else{
+     s <- 0; d <- 0
+     for(i in 1:length(x))  {
+       s <- s+x[i]
+     }
+     m <- s/length(x)  # 평균
+     for(i in 1:length(x)){
+       d[i] <- x[i]-m
+     }
+ return(d)
+   }
+ }
> x <- c(1, 2)
> dev(x)
## 입력벡터 확인.
## [1] 'error'

> x <- c(1, 2, 3)
```

```
> dev(x)
## [1] -1  0  1
```

5. 1:10에서 난수 5개를 복원추출하여 최댓값과 세 번째 큰 값의 차이가 2 이하이면 성공인 실험을 100번 반복할 때 성공은 몇 번 나올지 모의실험을 해 보자.

```
> x <- c(1, 5, 2, 6)
> sort(x)  # 오름차순
## [1] 1 2 5 6

> sort(x, decreasing=T)[3]  # 내림차순, 세 번째 큰 값
## [1] 2

> f5 <- function(x){
+   x=sample(1:10, 5, replace=T)
+   b <- ((max(x)-sort(x)[3])<=2)
+   return(b)
+ }
> set.seed(1)
> x <- replicate(100, f5())
> sum(x)
## [1] 31
```

제 10 장

확률과 통계

1. 확률분포와 통계량
2. 모의실험 2
3. 통계분석

1 확률분포와 통계량

이 절에서는 확률분포와 통계량에 대한 R 코드 작성을 설명하고자 한다.

1) 랜덤표본

랜덤표본(random sample)은 각 구성 요소가 동일한 분포에서 독립적으로 랜덤하게 추출된 것을 의미한다. 난수는 랜덤표본의 실현된 값을 의미한다. 표 10.1은 모집단의 분포에 따라 난수를 생성하는 함수, 밀도함수, 분포함수(누적분포함수), 분위수함수를 정리한 것이다. 그리고 앞에서 다루었던 sample() 함수를 통하여 이산형 난수를 생성할 수 있다.

표 10.1에서 난수 생성함수의 첫 문자는 모두 r인데 이는 random number를 의미한다. 그리고 확률밀도함수, 분포함수, 분위수함수의 첫 문자인 d, p, q는 density, probability, quantile을 각각 나타낸다. 예를 들어 확률변수의 분포가 norm 분포이고, 확률밀도함수가 f라면, 값 x에 대한 분포함수는 $pnorm(x) = P(X \le x)$, 밀도함수는 $dnorm(x) = f(x)$이다. 그리고 p에 대한 분위수는 $qnorm(p) = v$, $p = P(X < v)$이다. norm 대신 geom, hyper, binom, pois, t, unif 등을 사용하여 다양한 종류의 분포를 이용할 수 있다. 예제를 통해 좀 더 상세히 알아보자.

다음 프로그램은 평균이 100, 표준편차가 5인 정규분포에서 10개의 난수를 생성하여 변수 x에 저장하고 평균과 표준편차를 구한다.

표 10.1 분포에 따른 난수 생성함수, 밀도함수, 분포함수, 분위수함수

확률분포	난수 생성함수	확률밀도함수	분포함수	분위수함수
이항분포	rbinom()	dbinom()	pbinom()	qbinom()
F 분포	rf()	df()	pf()	qf()
기하분포	rgeom()	dgeom()	pgeom()	qgeom()
초기하분포	rhyper()	dhyper()	phyper()	qhyper()
음이항분포	rnbinom()	dnbinom()	pnbinom()	qnbinom()
정규분포	rnorm()	dnorm()	pnorm()	qnorm()
포아송 분포	rpois()	dpois()	ppois()	qpois()
t 분포	rt()	dt()	pt()	qt()
연속균등분포	runif()	dunif()	punif()	qunif()

```
> x <- rnorm(10, 100, 5)
> mean(x)
## [1] 99.9028

> sd(x)
## [1] 4.998235
```

평균이 5인 포아송 분포에서 100개의 난수를 생성하여 빈도분석을 한다. 그래프는 barplot()과 plot()을 사용하였다(그림 10.1). plot()에서도 원하는 결과가 나왔지만 빈도표의 그래프는 barplot()를 사용하는 것이 일반적이다.

```
> par(mfrow=c(2, 1))
> x <- rpois(100, 5)
> y <- table(x)
> plot(y, col="red", lwd=10, ylab="freq", xlab="rpois", main="rpois(100, lambda=5) by
plot")
> barplot(y, main="rpois(100, lambda=5) by barplot")
```

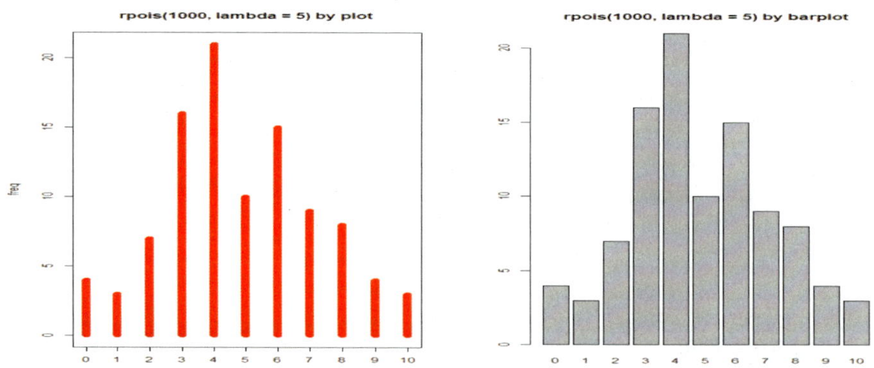

그림 10.1 포아송분포 난수의 빈도 막대그래프

qqplot(분위수-분위수 그래프)은 자료의 분포가 원하는(가정한) 분포를 따르는지 시각적으로 보고 싶을 때 사용한다. x축에는 원하는 분포의 분위수, y축에는 자료의 분위수를 그리는데, 특히 정규분포에 관한 것은 qqnorm() 함수를 사용한다(그림 10.2). 정규분포에서 생성된 자료의 qqnorm()의 결과는 직선 모양이지만 정규분포가 아닌

분포에서 생성된 자료는 직선 모양을 따르지 못한다. 여기에서 qqline()은 정규분포-정규분포의 qqplot()을 선으로 그려주는데 이는 주어진 자료가 정규분포와 유사한지를 살필 수 있는 참조선이 된다.

```
> par(mfrow=c(1, 2))
> x <- rnorm(100)
> qqnorm(x, sub = "Normal")
> qqline(x)  # Q-Q Line
> y <- runif(100, 0, 1)
> qqnorm(y, sub="Chisq(3)")
> qqline(y)
```

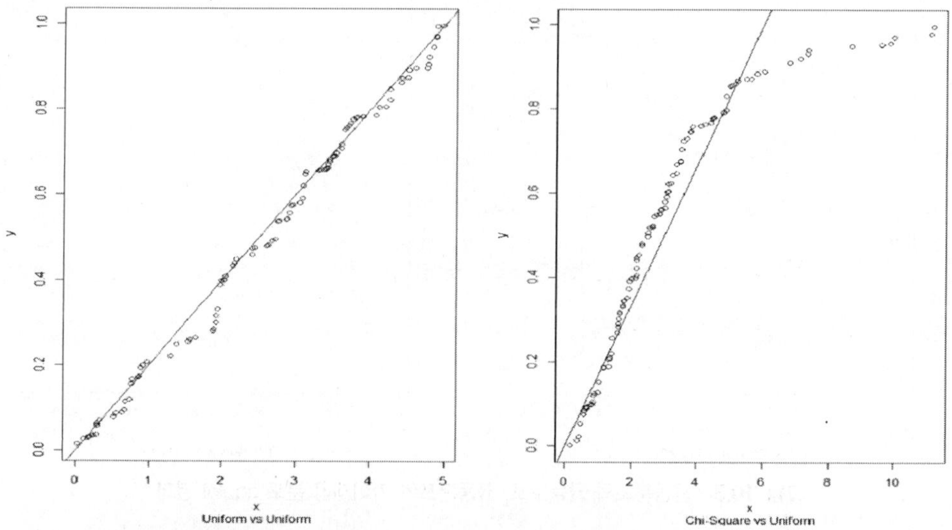

그림 10.2 정규분포와(좌) 카이제곱 분포(우)에서 생성된 자료의 qqnorm( )

두 변수의 분포 유사성을 qqplot()으로 알아볼 수 있다. 그림 10.3의 그래프에서 두 분포가 균등분포인 그래프는 직선 형태를 보이지만, 카이제곱 분포와 균등분포 자료는 직선에서 많이 벗어난 형태를 보인다.

```
par(pch=1)
par(mfrow=c(1, 2))
x <- runif(100, 0,5)
y <- runif(100, 0,1)
qqplot(x, y, sub="Uniform vs Uniform")
abline(0, 0.2)
x <- rchisq(100, 3)
y <- runif(100, 0,1)
qqplot(x, y, sub="Chi-Square vs Uniform")
abline(0, 2/12)
```

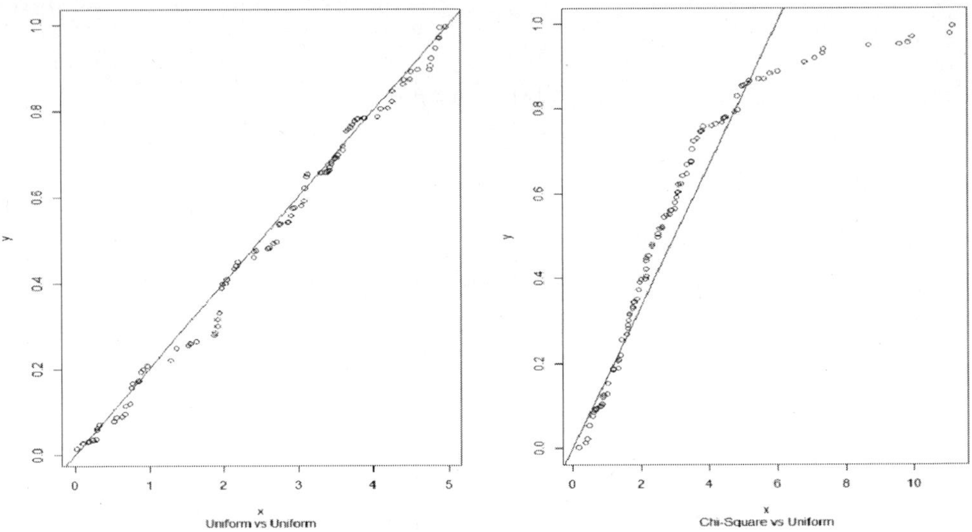

그림 10.3 균등분포와 균등분포, 균등분포와 카이제곱 분포 qqplot 결과

2) 균등분포로 정규분포 만들기

여기서는 균등분포에서 생성된 난수를 Box-Muller 변환하여 정규분포를 따르는 난수로 만드는 방법을 알아본다. 이는 수식으로 증명된 사실을 프로그램으로 확인하는 과정이다.

```
> y1 <- runif(1000, 0, 1)  # U(0, 1)에서 난수 생성
> y2 <- runif(1000)  # U(0, 1)에서 난수 생성
 # Box-Muller 변환
> x1 <- (-2*log(y1))^(1/2) * cos(2*pi*y2)
> x2 <- (-2*log(y1))^(1/2) * sin(2*pi*y2)
```

다음은 x1, x2, y1, y2의 히스토그램을 그리는 예이다. x1, x2의 히스토그램에는 N(0,1) 분포의 확률밀도함수를 겹쳐 그렸다(그림 10.4).

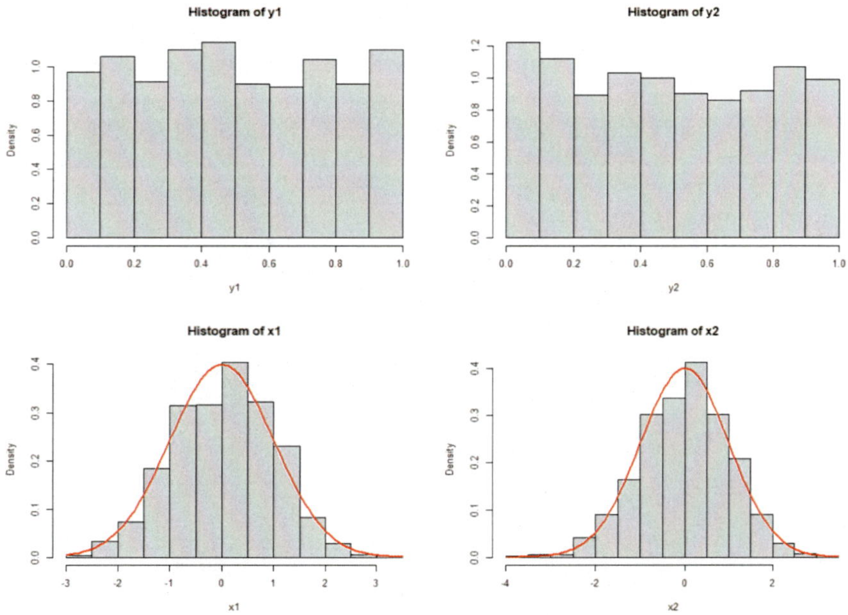

그림 10.4 균등분포와 변환된 정규분포

```
> hist(y1, main = "Histogram of y1", xlab = "y1", freq = FALSE)
> hist(y2, main = "Histogram of y2", xlab = "y2", freq = FALSE)
> hist(x1, main = "Histogram of x1", xlab = "x1", freq = FALSE)
> curve(dnorm(x), add = TRUE, col = "red", lwd = 2)
> hist(x2, main = "Histogram of x2", xlab = "x2", freq = FALSE)
> curve(dnorm(x), add = TRUE, col = "red", lwd = 2)
```

3) 확률 계산

확률밀도 함수와 누적분포함수를 이용하여 확률을 계산할 수 있다. 균등분포 U(0,1)에서 확률밀도 함수는 $f(x)$=1, 0〈x〈1이다. 이는 연속형의 확률밀도함수 값이고, 상대적 밀도를 비교하는 값으로만 사용되는데, 확률로 잘못 이해되면 안 된다. x=0.5에서의 밀도함수 값은 다음과 같이 구할 수 있다.

```
> dunif(0.5, min=0, max=1)
## [1] 1
```

U(0,1) 분포에서 $P(x \le 0.5)$의 확률, 즉 누적확률은 다음과 같이 구한다.

```
> punif(0.5, min=0, max=1)
## [1] 0.5
```

성공 확률이 0.3인 실험을 독립적으로 10번 반복할 때 성공 횟수가 3일 확률 및 성공 횟수가 2 이하일 확률은 이항분포를 이용하여 다음과 같이 구할 수 있다.

```
> dbinom(3, 10, 0.3)  # 성공이 3번일 확률
## [1] 0.2668279

> pbinom(2,10, 0.3)  # 성공이 2번 이하일 확률
## [1] 0.3827828
```

평균이 2인 포아송 분포에서 1이 나올 확률과 2 이하일 확률은 다음과 같다.

```
> dpois(1,2)
## [1] 0.2706706

> ppois(2,2)
## [1] 0.6766764
```

2 모의실험 2

1) 대기시간

지수분포(exponential distribution)는 어떤 사건이 일어나는 데까지 걸리는 시간을 표현하는 분포다. 주로 대기시간을 나타내는 분포로 많이 사용되는데, 평균 5분이라는 의미는 사건이 발생한 후 다시 새로운 사건이 발생할 때까지 걸리는 평균 시간이 5분이라는 뜻이다. R에서 사용되는 지수분포는, 사건이 일어나는 데까지 걸리는 시간을 사용하지 않고 단위 시간에 발생하는 사건의 평균 개수(사건 발생률)를 사용한다. 예를 들어 평균 대기시간이 5분이라면 1분에 평균 0.2건(사건 발생률=0.2)의 사건이 발생하는 것이다.

지수분포의 확률 밀도 함수 그래프를 살펴보자. 그림 10.5의 그래프는 사건 발생률이 0.5, 1, 2, 5인 지수분포의 확률 밀도 함수 그림이다.

```
> par(mfrow=c(1, 1))
>  # 기본 그래프 설정
> curve(dexp(x, rate=0.5), from=0, to=5, lty=1, ylab="Density", main="Exponential Distribution with Different Rates", xlim=c(0, 5), ylim=c(0, 2))
>
> # 각 그래프를 추가
> curve(dexp(x, rate=1), from=0, to=5, lty=2, add=TRUE)
> curve(dexp(x, rate=2), from=0, to=5, lty=3, add=TRUE)
> curve(dexp(x, rate=5), from=0, to=5, lty=4, add=TRUE)
>
> # 범례 추가
```

```
> legend("topright", legend=c("rate=0.5", "rate=1", "rate=2", "rate=5"), lty=c(1, 2, 3,
4), title="Rates")
```

사건 발생률이 0.2(단위 시간 안에 사건이 평균 0.2회 발생, 대기시간 평균은 5)인 지수분포에서 사건 발생 시간이 2 이하일 확률을 pexp()를 사용하여 구하면 다음과 같다.

```
> pexp(2, 0.2)
## [1] 0.32968
```

대기시간이 평균 2분인 지수분포를 따를 때 대기시간이 3분 이하일 확률은? 대기시간의 평균이 2분이므로 사건 발생률은 0.5다. 그러므로 다음과 같이 구할 수 있다.

```
> pexp(3, 0.5)
## [1] 0.7768698
```

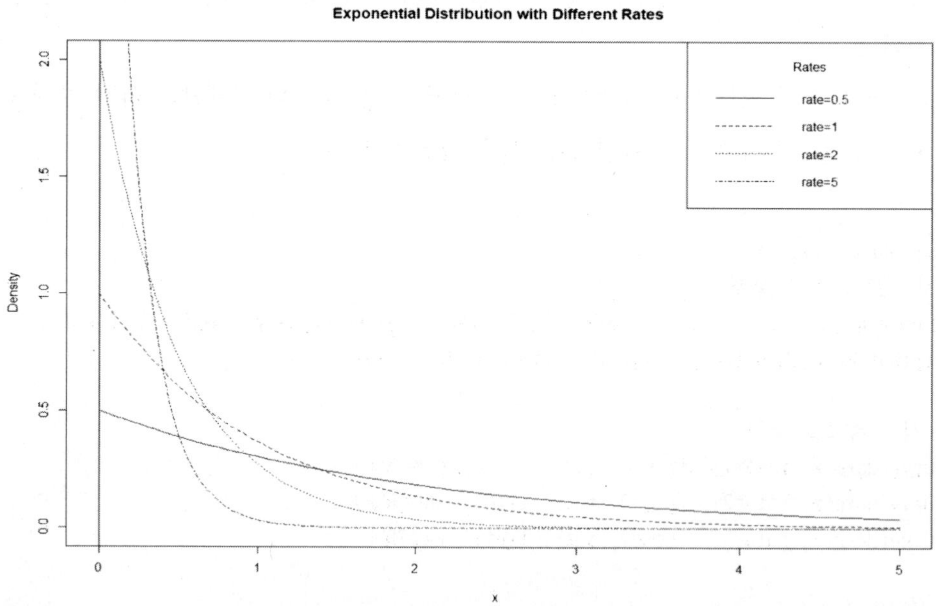

그림 10.5 발생률이 0.5, 1, 2, 5인 지수분포의 확률 밀도 함수

지수분포를 이용하는 모의실험을 수행해 보자. 어느 시골 마을 택시 승강장에 평균 6.667분마다 손님이 1명씩 온다(사건 발생률 0.15)고 한다. 그리고 택시는 정확하게 10분마다 한 대씩 도착한다. 손님은 20명이고 택시도 20대가 온다면 20명의 각 손님은 얼마만큼 기다리겠는가? 그리고 기다린 시간의 평균은 얼마인가? 단, 택시 1대에는 손님 1명만 태운다. 모의실험을 통해 알아보자(set.seed(1) 고정. 결과를 그림 10.6에 나타냄).

```
> set.seed(1)
> par(mfrow=c(1, 1))
> guest <- ceiling(rexp(20, 0.15))  # 손님 도착시간 간격, 분 단위를 위해 올림
> guest <- cumsum(guest) # 손님 도착시각
> taxi <- rep(10, 20)  # 택시 도착시각 간격
> taxi <- cumsum(taxi)  # 택시 도착시각
> y=rep(1., length(guest))
> plot(guest, y+0.3, xlim=c(0, 220),
+              ylim=c(1, 1.7), cex=1.5, yaxt="n", ylab="", xlab="")
> points(taxi, y+0.7, pch=18, cex=1.5)
> text(x=guest, y+0.2, labels=1:20)  # 손님번호
> text(x=taxi, y+0.6, labels=1:20)  # 택시번호
>
> abline(v=seq(0, 250, 10), h=1, lty=2)
>
> text(x=59, 1.1, labels="guest number", cex=1.5)
> text(x=59, 1.5, labels="taxi number", cex=1.5)
> guest
## [1]  6  14  15  16  19  39  48  52  59  60  70  76  85 115 123 130 143
## [18] 148 151 155
> taxi
##  [1]  10  20  30  40  50  60  70  80  90 100 110 120 130 140 150 160 170
## [18] 180 190 200
```

손님은 시작 시각으로부터 6, 14, 15, 16, ⋯, 155분 후에 도착하고, 택시는 10, 20, ⋯, 200분 후에 도착한다. 1번 손님은 4분 기다리고, 2번 손님은 6분 기다리고, 3번 손님은 15분 기다리고, ⋯, 마지막 20번 손님은 45분 기다린다. i번째 택시와 손님의 도착시각 차이가 양수 taxi[i]-guest[i]>0이면 손님이 기다리고, 음수이면 손님은 대기

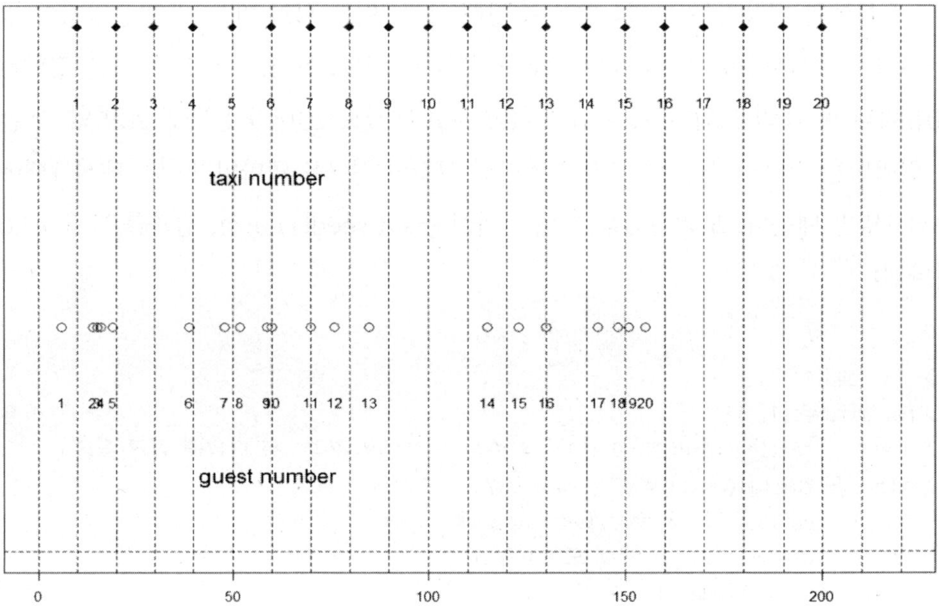

그림 10.6 손님과 택시 도착시각

중인 택시를 바로 탈 수 있다. 그러므로 모든 손님이 기다린 시간의 평균은 다음과 같이 계산된다.

```
> wait_time <- ifelse(taxi-guest>0, taxi-guest, 0)
> wait_time
## [1]  4  6 15 24 31 21 22 28 31 40 40 44 45 25 27 30 27 32 39 45

> mean(wait_time)
## [1] 28.8
```

그리고 기다리지 않고 바로 택시를 탄 손님의 수는 다음과 같이 구할 수 있다.

```
> sum(wait_time==0)
## [1] 0
```

앞의 결과에서 기다리지 않고 바로 탑승한 손님은 한 명도 없고, 평균 28.8분을 기다렸다. 예상외로 많이 기다렸다. 택시가 좀 더 자주 오면 손님이 기다리는 시간을 줄일 수 있을 것이다. 기다리는 시간의 평균을 10분 이내로 하려면 택시는 몇 분마다 와야 하는가? 그리고 이때 기다리지 않은 고객은 몇 명인가? 이를 모의실험으로 알아보기 위해 다음과 같은 함수를 만든다.

```
> wait.time <- function(x){  # x는 택시 간격
+   set.seed(1)
+   guest <- ceiling(rexp(20, 0.15))  # 손님 도착시간 간격, 분 단위를 위해 올림
+   guest <- cumsum(guest)  # 손님 도착시각
+   taxi <- rep(x, 20)
+   taxi <- cumsum(taxi)  # 택시 도착 시각
+   wait_time <- ifelse(taxi-guest>0, taxi-guest, 0)
+    return(c(wait.time=mean(wait_time),
                     not.wait=as.integer(sum(wait_time==0))))
+ }
> wait.time(9)
## wait.time  not.wait
##      18.3       0.0

> wait.time(8)
## wait.time  not.wait
##     8.75      5.00

> wait.time(7)
## wait.time  not.wait
##       3.9       8.0
```

택시를 9분 간격으로 조정하면 기다리는 시간의 평균은 18.3분이고, 모든 손님이 기다렸다. 그런데 8분 간격으로 조정하니 기다리는 시간의 평균은 8.75분이고 5명의 손님은 택시를 기다리지 않고 대기 중인 택시를 탔다. 이러한 방법으로 손님 도착시간에 대한 분포를 안다면 차량의 배차시간을 모의실험으로 결정할 수 있다.

2) 예약자 수 결정

항공사에서는 비행기 탑승객 정원의 몇 %까지 예약을 받아야 하는지 늘 고심한다. 최근에는 이러한 문제로 인해 승객과 항공사 간에 갈등이 빚어지기도 하며, 완벽한 해법을 찾기가 쉽지 않은 것이 사실이다. 항공사는 과거의 자료를 통해 예약자가 항공기 탑

승을 하지 않는 비율은 10%라고 알고 있다고 가정하자. 200개 좌석이 있는 항공기에 200명을 예약을 받으면 평균 20개 좌석에 해당하는 손해를 보게 된다. 이런 손해를 방지하기 위해 222명 예약을 받으면 빈 좌석을 방지할 수 있는 가능성은 크지만, 항공기에 탑승하지 못하는 예약자가 발생할 가능성도 커진다. 그러면 항공사의 이익을 최대로 하는 예약자 수는 어떻게 결정할 수 있는가?

모든 고객이 독립적으로 행동한다는 가정하에, 실제로 발생할 수 있는 많은 요인을 무시하고, 예약 문제를 다음과 같은 간단한 비용 기준으로 정하는 방법을 고려한다. 예약하고 탑승하는 한 명당 이익(profit)이 90,000원, 예약하고 탑승하지 않는(noshow) 한 명당 이익이 0원, 예약하고 오버부킹으로 탑승하지 못하는 한 명당 손실(loss)이 500,000원이라고 가정할 때, 이익을 최대로 하는 예약자 수는 얼마인가? 50개의 항공기에 적용하여 최적의 예약자 수를 구해보자. 여기에는 덧붙여야 할 사항이 더 있을 수도 있고 또 이항분포를 이용해 수학적으로 해결할 수도 있지만, 이번에는 모의실험을 연습하는 과정으로 프로그램을 사용해 해결할 것이다. 여기서 q는 예약하고 나타나지 않는 사람의 비율 혹은 확률이며, p는 1-q로 예약하고 나타난 사람의 비율 혹은 확률이다. r은 예약자 수, y는 탑승객 수라고 하자.

다음은 예약자 수로 200명을 받을 때의 결과이다.

```
> r=200
> q=0.1
> p=1-q
> set.seed(1)
> y=rbinom(1,r,p)  # 예약한 200명 중 나타난 사람 수
> y
## [1] 183
```

이런 상황을 50개 항공기에 적용하여 50개 항공기의 탑승자 수 평균을 구하면 다음과 같다.

```
> set.seed(1)
> y=rbinom(50,r,p)  # 50개의 각 항공기에 예약한 200명중  탑승자 수
> mean(y)
## [1] 179.64
```

50개 항공기의 평균 이익은 다음과 같다.

```
> (earn200=mean(y*profit))
## [1] 16167600
```

200명만 예약을 받으니 모든 항공기에서 빈 좌석이 발생했다. 빈 좌석을 없애기 위해 220명 예약을 받으면 이익이 얼마나 되는지 살펴보자.

```
> r=220
> set.seed(1)
> y=rbinom(50, r, p)
> exceed=ifelse(y-200>0, y-200, 0)  # 200명 초과된 사람 수
> sum_exceedceed=sum(exceed)
> sum_exceedceed  # 36명이 비행기를 못탐
##[1] 36

> sum(y>200)  # 50번 중 탑승객이 200명 초과인 경우 12번
##[1] 12

> y_on<-ifelse(y>200,200,y)  # 탑승자 수
> (earn220=mean(y_on*profit - loss*exceed))
##[1] 17357400
```

220명 예약은 200명 예약보다 이익이 더 크다. 이익이 최대가 되는 예약자 수를 구하기 위해 함수를 작성해 보자. 마지막에 결과를 산점도로 나타내어 그림 10.7에 나타냈다.

```
 > reser_profit <- function(r){  # r:예약자 수
+    set.seed(1)
 +   y=rbinom(50, r, p)
 +  exceed=ifelse(y-200>0, y-200, 0)  # 초과자
 +  y_on <- ifelse(y>200, 200, y)  # 탑승자 수
 +    # 평균 이익은
 +   earn=mean(y*profit-loss*exceed)
 +   return(earn)
  +   }
```

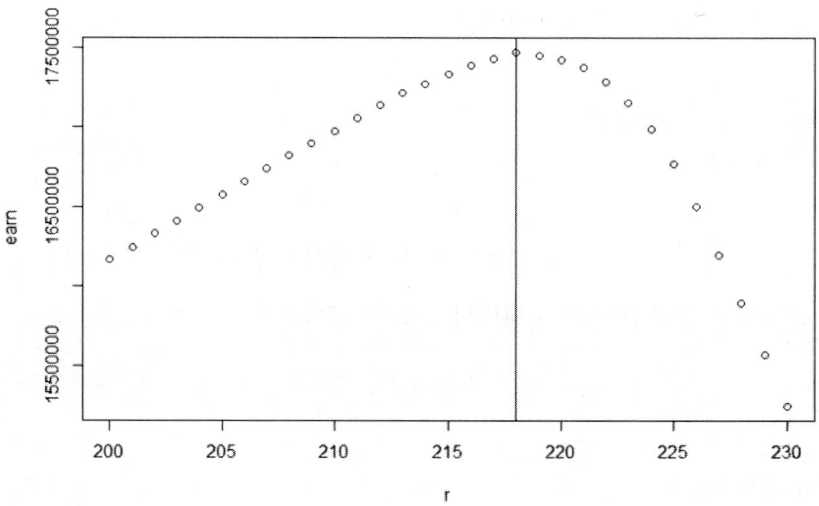

그림 10.7 예약자 수와 이익

```
> earn <-NULL
> r=200 : 230  # r: 예약자 수를 200~230명 고려한다.
> for(i in r){
+  earn[i]<-reser_profit(i)}
> earn=earn[r]  # earn[1]~earn[200]이 NA이므로 삭제
> k=which(earn==max(earn))
> r[k]  # 최적 예약자 수
## [1] 218

> plot(r, earn)
> abline(v=218)
```

이제 확률을 이용하여 예약자 수와 이익의 기댓값을 계산해 보자. 220명이 예약했을 때, 190명이 나타날 확률과 이익은 다음과 같이 구해진다.

```
> r=220
> dbinom(190, r, 0.9)
## [1] 0.01799685

> 190*profit
## [1] 17100000
```

202명이 나타날 확률과 이익은 다음과 같다.

```
> dbinom(202, r, 0.9)
## [1] 0.06366187

> 200*profit-2*loss
## [1] 1.7e+07
```

220명이 나타날 확률과 이익은 다음과 같다.

```
> dbinom(220, r, 0.9)
## [1] 8.577329e-11

> 200*profit-20*loss
## [1] 8e+06
```

220명이 예약했을 때 나타난 사람 수 180~220명에 대한 확률, 탑승자 수, 초과자 수, 이익, 이익의 기댓값은 다음과 같이 계산된다.

```
> r=220
> y=180:220  # 나타난 사람 수
> y_board <- ifelse(y>200, 200, y)  # 탑승자 수
> exceed=ifelse(y-200>0, y-200, 0)  # 초과자 수
> earn220 <- y_board*profit-exceed*loss
> (earn_expected220 <- sum(dbinom(y, r, 0.9)*earn220))  # 이익의 기대값
```

예약자 수 r을 일반화하여 함수로 작성하면 다음과 같고 결과를 그래프로 나타낸 것이 그림 10.8이다.

```
> expected_earn <- function(r, p){
+     exceed=ifelse(y-200>0, y-200, 0)  # 초과자
+     y_board <- ifelse(y>200, 200, y)  # 탑승자 수
+     earn_expected =sum(dbinom(y, r, p)*(y_board*profit-exceed*loss))
+     return(earn_expected)
```

```
+ }

> earn=NULL
> r <- 200:230   # 예약자 수
> p=0.9
> for(i in r){
  + earn[i]=expected_earn(i, p)
> }
> earn=earn[200:230]
> k=which(earn==max(earn))
> (k=r[k])

> plot(r, earn)
> abline(v=k)
```

여기는 최적 예약자 수가 217명으로 나는데 앞의 모의실험 결과 218명과는 다른 결과다. 모의실험은 난수를 이용하는 실험이기 때문에 최적의 해를 찾기 위해서 다양한 환경에서 더 많은 실험이 필요하다는 것을 알 수 있다.

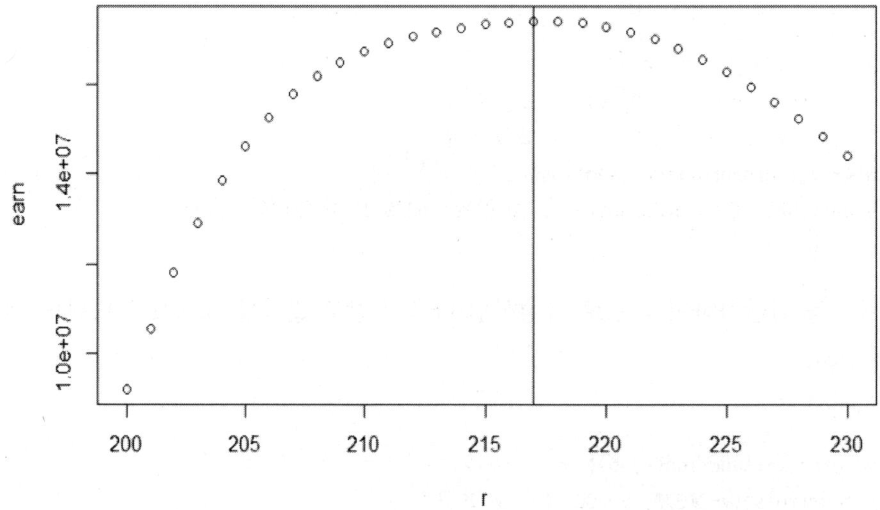

그림 10.8 예약자 수와 이익의 기댓값

3 통계분석

이 절에서는 질적변수와 양적변수의 간단한 분석방법을 다룬다. 그리고 신뢰구간과 회귀모형의 의미를 모의실험을 통해 익힌다.

1) 도수분포표와 분할표

도수분포표와 분할표는 범주형변수의 분석과 양적변수의 군집화에 사용되는데, 주로 table() 함수와 xtabs() 함수를 사용한다.

iris 데이터는 5개의 변수와 150개 관측치로 구성된 붓꽃에 대한 자료다. 붓꽃의 종류는 3종류다.

```
> str(iris)
## 'data.frame':    150 obs. of  5 variables:
##  $ Sepal.Length: num  5.1 4.9 4.7 4.6 5 5.4 4.6 5 4.4 4.9 ...
##  $ Sepal.Width : num  3.5 3 3.2 3.1 3.6 3.9 3.4 3.4 2.9 3.1 ...
##  $ Petal.Length: num  1.4 1.4 1.3 1.5 1.4 1.7 1.4 1.5 1.4 1.5 ...
##  $ Petal.Width : num  0.2 0.2 0.2 0.2 0.2 0.4 0.3 0.2 0.2 0.1 ...
##  $ Species     : Factor w/ 3 levels "setosa","versicolor",..: 1 1 1 1 1 1 1 1 1 1 ...
```

종별(Species) 빈도를 table() 함수로 구한다.

```
> table(iris$Species)
##
##     setosa versicolor  virginica
##         50         50         50
```

다음 코드는 오류 없이 실행되지만 양적변수의 빈도와 도수분포표는 의미가 없다.

```
> table(iris$Sepal.Width)
##
```

```
##    2 2.2 2.3 2.4 2.5 2.6 2.7  2.8  2.9   3  3.1  3.2  3.3  3.4  3.5  3.6  3.7  3.8
##    1   3   4   3   8   5   9   14   10  26   11   13    6   12    6    4    3    6
## 3.9   4 4.1 4.2 4.4
##   2   1   1   1   1
```

MASS 패키지에 내장된 Cars93 데이터는 1993년에 미국에서 판매된 자동차에 관한 데이터다. 제조사, 모델, 유형, 가격, 연비, 실린더 수 등 27개의 변수와 93개의 관측치를 가진다.

```
> library(MASS)
> str(Cars93)
## 'data.frame':    93 obs. of  27 variables:
##  $ Manufacturer  : Factor w/ 32 levels "Acura","Audi",..: 1 1 2 2 3 4 4 4 4 5 ...
## $ Model : Factor w/ 93 levels "100","190E",..: 49 56 9 1 6 24 54 74 73 35 ...
##...
##  $ Origin            : Factor w/ 2 levels "USA","non-USA": 2 2 2 2 2 1 1 1 1 1 ...
##  $ Make          : Factor w/ 93 levels "Acura Integra",..: 1 2 4 3 5 6 7 9 8 10 ...
```

table()과 xtabs()을 이용해 차종별 빈도를 구한다.

```
> table(Cars93$Type)
## Compact   Large   Midsize   Small   Sporty   Van
##      16      11        22      21       14     9

> xtabs(~Type, data=Cars93)
## Type
## Compact   Large   Midsize   Small   Sporty   Van
##      16      11        22      21       14     9
```

두 범주형변수 Type와 AirBags의 분할표를 작성한다.

```
> table(Cars93$Type, Cars93$AirBags)
##
##          Driver & Passenger   Driver only   None
```

```
##   Compact                   2            9     5
##   Large                     4            7     0
##   Midsize                   7           11     4
##   Small                     0            5    16
##   Sporty                    3            8     3
##   Van                       0            3     6

> xtabs(~ Type+AirBags, data=Cars93)
##          AirBags
## Type       Driver & Passenger  Driver only  None
##   Compact                   2            9     5
##   Large                     4            7     0
##   Midsize                   7           11     4
##   Small                     0            5    16
##   Sporty                    3            8     3
##   Van                       0            3     6
```

그런데 table() 함수는 가중치를 직접 지원하지 않으므로, 가중치를 적용한 빈도표를 생성하려면 xtabs() 함수를 사용하는 것이 좋다. 성별로 합격자 수를 나타내는 데이터프레임을 분할표로 작성하는 예를 알아보자.

```
> df <- data.frame(Gender = c("M", "M", "F", "F"),
                   Result = c("Success", "Fail", "Success", "Fail"),
                   Freq = c(50, 20, 40, 30))
> table(df)  # 의도하지 않는 세 개의 변수에 대한 분할표
## , , Freq = 20
##
##        Result
## Gender  Fail  Success
##      F     0        0
##      M     1        0
##
## …
## , , Freq = 50
##
##        Result
## Gender  Fail  Success
```

```
##      F     0        0
##      M     0        1
```

다음 프로그램은 빈도를 고려하지 않은 빈도표를 작성한다.

```
> xtabs( ~ Gender + Result , data = df) # table(df$Gender, df$Result)
##        Result
## Gender   Fail   Success
##      F     1        1
##      M     1        1
```

다음과 같이 우리가 원하는 결과를 얻을 수 있다.

```
> xtabs( Freq ~ Gender + Result , data = df)
##        Result
## Gender   Fail   Success
##      F    30       40
##      M    20       50
```

빈도표 혹은 분할표에서는 proportions()로 비율을 구할 수 있다.

```
> proportions(table(Cars93$Type)
##    Compact       Large     Midsize       Small      Sporty         Van
## 0.17204301  0.11827957  0.23655914  0.22580645  0.15053763  0.09677419

> xt <- xtabs( Freq ~ Gender + Result , data = df)
> proportions(xt)  # 전체에 대한 비율
##        Result
## Gender        Fail     Success
##      F   0.2142857   0.2857143
##      M   0.1428571   0.3571429

> proportions(xt, margin=1)  # 행에 대한 비율
##        Result
## Gender       Fail   Success
```

```
##      F  0.4285714   0.5714286
##      M  0.2857143   0.7142857
```

범주형 자료에서 인자(factor)의 역할을 알아보자. Cars93$Type에서 "Sporty"와 "Van"을 제외한 벡터 x를 만들고 x의 빈도표를 출력하면 다음과 같다.

```
> x <- Cars93$Type[!Cars93$Type %in% c("Sporty", "Van")]
> table(x)
## Compact   Large  Midsize  Small  Sporty  Van
##      16      11       22     21       0    0
```

“Sporty”와 “Van”을 제외했음에도 “Sporty”와 “Van”이 빈도표에 여전히 나타남을 알 수 있다. 이러한 이유는 Cars93$Type가 인자형 변수이기 때문에 인자의 수준을 그대로 유지하기 때문이다. 이를 해결하는 하나의 방법은 x를 문자형 벡터로 변환하는 것이다.

```
> x <- as.character(x)
> table(x)
## Compact   Large  Midsize  Small
##      16      11       22     21
```

다음 분할표에도 “Sporty”와 “Van”을 제외했음에도 "Sporty"와 "Van"이 여전히 나타남을 볼 수 있다. 이러한 특성을 모른다면, “airbag이 없는 VAN은 없다”라고 해석할 수 있다.

```
> df <- Cars93[ , c("Type", "AirBags")]
> df <- df[!df$Type %in% c("Sporty", "Van"), ]
> xtabs(~ Type+AirBags, data=df)
##          AirBags
## Type      Driver & Passenger  Driver only  None
##   Compact                  2            9     5
##   Large                    4            7     0
```

```
## Midsize 7 11 4
## Small 0 5 16
## Sporty 0 0 0
## Van 0 0 0
```

2) 기초통계

먼저 양적변수를 요약하는 함수 fivenum()에 대해 알아보자. fivenum()은 다섯수치 요약값으로 불리는데, 최솟값, 제1 사분위수, 중앙값, 제3 사분위수, 최댓값을 보여준다. 1:10의 최솟값은 1, 제1 사분위수는 3, 중앙값은 5.5, 제3 사분위수는 8, 최댓값은 10이다.

```
> fivenum(1:10)
## [1]  1.0  3.0  5.5  8.0 10.0
```

이외에 양적변수와 질적변수를 요약하는 함수로 summary()가 있다.

summary()

- 양적변수: 최솟값, 제1 사분위수, 중앙값, 평균, 제3 사분위수, 최댓값),
- 질적변수: 빈도표

```
> summary(mtcars$disp)  # 양적변수
##    Min.  1st Qu.  Median    Mean  3rd Qu.    Max.
##   71.1   120.8    196.3   230.7   326.0    472.0

> summary(mtcars$cyl)  # 질적변수임에도 양적변수로 취급
##    Min.  1st Qu.  Median    Mean  3rd Qu.    Max.
##   4.000   4.000   6.000   6.188   8.000   8.000

> summary(as.factor(mtcars$cyl))  # 질적변수로 변환 후 통계는 빈도표
##  4  6  8
## 11  7 14
```

이 예에서 mtcars의 disp는 양적변수이므로 최솟값, 제1 사분위수, 중앙값, 제3 사분위수, 최댓값을 보여준다. 그런데 cyl은 질적변수임에도 숫자로 표현되어 있기 때문에 양적변수로 인식하여 최솟값 등을 보여준다. 이 변수를 질적변수로 변환하면 빈도표를 보여준다.

3) 신뢰구간

표본평균으로 모평균을 추정하고, 신뢰구간을 구하여 모평균 추정의 개념을 알아본다. 먼저 N(5, 4) 분포에서 크기가 10인 표본을 추출하여 모평균과 모표준편차을 추정한다.

```
> set.seed(1)
> x <- rnorm(10, 5, 2)
> mean(x)
## [1] 5.264406

> sd(x)
## [1] 1.561172
```

모평균의 추정치는 5.26, 표준편차의 추정치는 1.56이다. 이는 모평균 5, 모표준편차 2와는 다른 값이다. 표본이 더 크면 어떤 추정치가 나오는지 알아보기 위해 크기 100인 표본으로 모평균과 분산을 추정해 보았다.

```
> set.seed(1)
> x <- rnorm(100, 5, 2)
> mean(x)
## [1] 5.217775
```

모평균의 추정치는 5.21로, 크기가 10인 표본보다는 좀 더 정확한 추정치를 얻었다. 그런데 모평균 추정치가 5.21이라는 것이 곧 모평균이 5.21라는 것은 아니다. 모평균이 5.21로 추정되니까 모평균이 5.21 근처에 있을 가능성이 크다는 뜻이다. 그러면, 근처라는 것은 어디를 말하는 것인가? 모평균이 구간 (5.21-0.5, 5.21+0.5)에 포함된다고 할 수 있는가? 혹은 (5.21-5, 5.21+5)에 포함된다고 할 수 있는가? 이것을 통계적으로 다루는 것이 신뢰구간이다.

x_1, …, x_n이 $N(\mu,\sigma^2)$부터의 확률표본이라면, 모평균 μ의 신뢰구간은 다음과 같이 정의된다.

$$(\overline{X} \pm z_{a/2}\frac{\sigma}{\sqrt{n}})$$

여기에서 z_a는 표준정규분포의 $(1-\alpha)$분위수이다. 다음은 분산이 4인 모집단에서 크기가 100인 표본으로 모평균의 95% 신뢰구간을 구하는 예이다. 여기에서 모평균은 0이다(1.96=qnorm(0.975)).

```
> set.seed(1)
> x <- rnorm(100,0,2)  # 평균 0, 표준편차 2
> xbar <- mean(x)
> s <- sd(x)
> lci <- xbar-qnorm(0.975)*2/sqrt(100)  # 신뢰구간 하한
> uci <- xbar+qnorm(0.975)*2/sqrt(100)  # 신뢰구간 상한
> c(lci, uci)
## [1] -0.1742181  0.6097675
```

10,000번의 반복 실험으로 신뢰구간이 모평균을 포함하는 비율을 계산하는 함수는 다음과 같이 작성할 수 있다.

```
> r_ci <- function(){
+     count=0
+     for (i in 1:10000){
+         x <- rnorm(100, 0, 2)
+         xbar <- mean(x)
+         lci <- xbar-qnorm(0.975)*2/sqrt(100)  # 1.96=qnorm(0.975)
+         uci <- xbar+qnorm(0.975)*2/sqrt(100)
+         if (lci<0 && 0<uci) count=count+1
+       }
+   return(count/10000)
+   }
```

```
> set.seed(1); r_ci(); r_ci();r_ci()
##[1] 0.9486
##[1] 0.9494
##[1] 0.9537
```

10,000번의 실험에서 모평균 0을 포함하는 신뢰구간이 약 95%의 비율을 유지하는 결과를 볼 수 있다. 만약 분산을 모른다면 다음과 같이 t-분포를 이용하여야 한다.

```
> r_ci_t <- function(){
+   count=0
+   for (i in 1:10000){
+     x <- rnorm(100, 0, 2)
+     xbar <- mean(x) ; s<-sd(x)
+     lci <- xbar-qt(0.975, 99)*s/sqrt(100)  # t-분포 분위수
+     uci <- xbar+qt(0.975, 99)*s/sqrt(100)
+     if (lci<0 && 0<uci) count=count+1
+   }
+   return(count/10000)
+ }
> set.seed(1); r_ci_t(); r_ci_t();r_ci_t()
##[1] 0.9487
##[1] 0.9517
##[1] 0.9516
```

반복문을 사용하지 않고 다음과 같이 작성할 수 있다.

```
> set.seed(1)
> x <- rnorm(100*10000,0,2)  # 표본을 한꺼번에 추출
> x <- matrix(x,ncol=100)  # 10000*100 행렬
> xbar <- apply(x,1, mean)  # 표본평균 10,000개
> s <- apply(x,1,sd)  # 표준편차 10,000개
> lci <- xbar-qt(0.975,99)*s/sqrt(100)  # 신뢰구간 하한
> uci <- xbar+qt(0.975,99)*s/sqrt(100)  # 신뢰구간 상한
> sum(lci<0 & uci>0)/10000
##[1] 0.9507
```

4) 단순회귀모형 모의실험

이 절에서는 모의실험을 통해 회귀분석의 의미를 익혀볼 것이다. 단순 선형회귀모형

$$y = \beta_0 + \beta_1 x + e,\ e \sim iidN(0, \sigma^2)$$

을 고려할 것이다. 회귀계수 β_0, β_1의 최소제곱 추정량은

$$b_1 = S_{xy}/S_{xx},$$
$$b_0 = \overline{y} - b_1 \overline{x}$$

이다. 여기에서 $S_{xy} = \Sigma(x_i - \overline{x})(y_i - \overline{y})$, $S_{xx} = \Sigma(x_i - \overline{x})^2$이다.

모의실험을 위해 $\beta_0 = 1$, $\beta_1 = 2$ 그리고 $\sigma = 0.4$, $x = 0,\ 0.1,\ \cdots,\ 1$로 가정한다. 먼저 유사모집단을 생성하고 모집단의 절편과 기울기를 살핀다. 결과는 그림 10.9이다.

```
> x <- rep(seq(0, 1, 0.1), each=100)
> n <- length(x)
> y <- 1+2*x + rnorm(n, 0, 0.4)
> plot(x, y, pch=1)
> lines(x, 1+2*x)
```

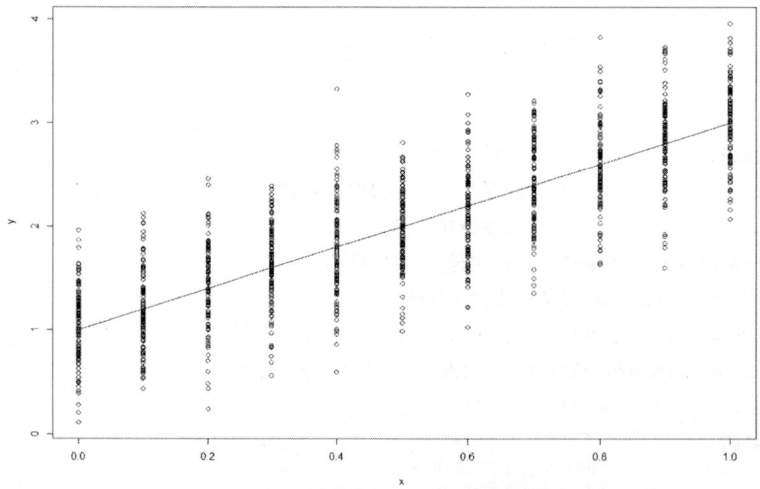

그림 10.9 모의실험에 사용되는 유사모집단

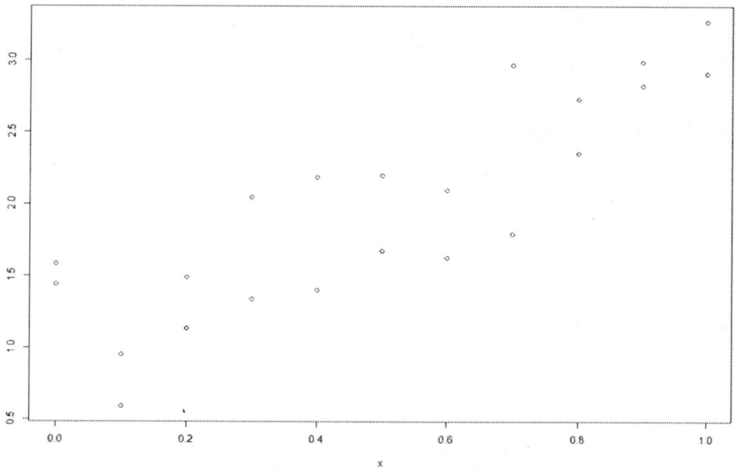

그림 10.10 유사모집단에서 추출된 표본

표본으로부터 회귀계수를 추정하고 분석하는 과정은 다음과 같다. 먼저 각 $x = 0$, 0.1, ⋯, 1에서 2개씩 추출하여 표본을 생성한다. 산점도 결과는 그림 10.10이다.

```
> sampled_x <- numeric()  # 결과를 저장할 벡터 초기화
> sampled_y <- numeric()
> set.seed(1)
> # 각 x 값에서 2개의 샘플을 추출
> for (val in seq(0, 1, 0.1)) {
+   indices <- which(x == val)          # x가 현재 값과 같은 인덱스 찾기
+   sampled_indices <- sample(indices, 2)  # 그 인덱스 중 2개를 샘플링
+   sampled_x <- c(sampled_x, x[sampled_indices])
+   sampled_y <- c(sampled_y, y[sampled_indices])
+ }
> sampled_data <- data.frame(x=sampled_x, y=sampled_y)
> plot(sampled_data)
```

다음으로는 표본으로부터 회귀계수를 추정하고 회귀선을 그린다(그림 10.11).

```
> k=nrow(sampled_data)
> sxx <- var(sampled_data$x)*(k- 1)
> sxy <- cov(sampled_data$x, sampled_data$y)*(k - 1)
> (b1 <- sxy / sxx)
## [1] 1.957234
```

```
> (b0 <- mean(sampled_data$y) - b1*mean(sampled_data$x))
## [1] 1.00192

> abline(a = b0, b = b1, lwd = 1)
```

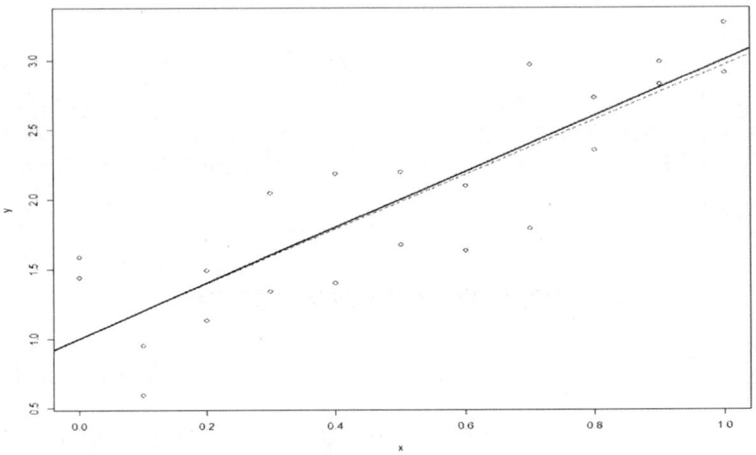

그림 10.11 유사모집단의 회귀선(실선), 표본과 표본의 회귀선(점선)

회귀계수의 추정값은 b_0=1.00192, b_1=1.957234로 모집단의 회귀계수와 유사한 값을 가진다. 이렇게 표본을 생성하여 회귀선을 추정하는 작업을 100번 반복한다. 그 결과를 그림 10.12에 나타내었다.

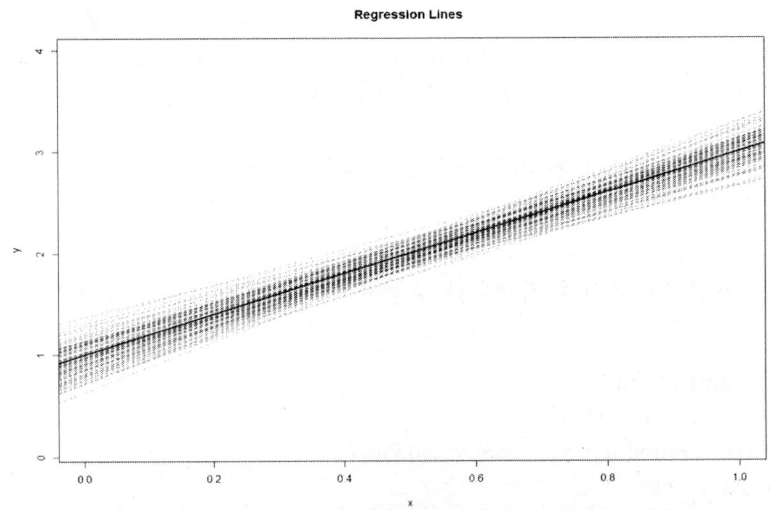

그림 10.12 100개 표본의 회귀선(점선)과 모집단 회귀선(실선)

연습문제

확률분포와 통계량

1 성공률이 0.3인 실험을 30번 시행했을 때의 성공 횟수를 구하시오.

2 성공률이 0.3인 실험을 독립적으로 10번 반복할 때 성공 횟수가 3번일 확률을 구하시오.

3 2번 문제와 같은 실험을 100번 반복하여 빈도표를 작성하시오. 2번 문제의 결과와 비교하시오.

4 U(1, 5)에서 난수 5개를 추출하여 평균과 표준편차를 구하시오.

5 U(0, 3)에서 난수 2개를 추출하여 평균을 구하는 작업을 100번 반복하여 100개의 평균과 표준편차를 구하시오. 그리고 100개 평균의 히스토그램 그리시오.

6 U(0, 3)에서 난수 5개 추출 후 평균을 구하는 작업을 100번 반복하여 100개의 평균과 표준편차를 구하시오. 그리고 100개 평균의 히스토그램 그리시오.

7 U(0,3)에서 난수 10개 추출 후 평균을 구하는 작업을 100번 반복하여 100개의 평균과 표준편차를 구하시오. 그리고 100개 평균의 히스토그램 그리시오.

8 5~7번 문제에서 표본의 크기가 증가함에 따라 결과가 어떻게 변화하는지 설명하시오.

9 주사위를 한 번 던져서 나온 값만큼 다시 던질 때 최솟값이 3일 확률을 모의실험을 통해 구하시오. 예를 들어, 주사위를 던져서 5가 나오면 5번 던져서 최솟값이 3이 나오는지 살핀다. 이러한 실험을 여러 번 반복하여 최솟값이 3인 비율을 구한다.

10 1:100에서 난수를 n개를 복원추출하여 n개 중 같은 값이 있으면 성공이다. 성공할 확률이 0.5 이상되는 최소의 n을 모의실험으로 구하시오.

모의실험 2

11 손님의 도착시간은 $E(1/0.15)$ 분포를 따르고, 8분 간격으로 택시가 도착할 때 100명의 손님과 100대의 택시에 대하여 손님의 평균 대기시간을 구하시오.

12 은행을 방문하는 고객들의 시간 간격은 평균 3분인 지수분포를 따른다. 고객을 맞는 창구는 1개가 있고 창구에서 1명의 고객업무를 처리하는 데 걸리는 시간은 U(4, 9) 분포를 따른다. 모든 고객은 창구를 통해 업무를 처리한다. 100명의 고객이 창구 앞에서 기다리는 시간의 평균을 구하시오(set.seed(4)).

13 좌석 수가 500석인 항공기의 예약을 받는다. 과거 자료에 의하면 예약 후 탑승하지 않는 고객의 비율은 7%라고 알려져 있다. 1인당 이익은 탑승하면 800,000원, 빈 좌석은 −100,000, 오버부킹되어 초과 고객에 대해서는 5,000,000원의 보상을 해야 한다. 모든 고객은 독립적으로 행동하는 것을 가정하고 이익이 최대가 되는 고객 수를 구하시오.

통계분석

14 y = 2x+5+e, e~chi(1)−1, x=seq(0,2, 0.1)일 때 표본(n=21)으로부터 회귀식을 추정하시오.

15 14번의 작업을 100번 반복하여 회귀식을 그래프로 그리시오.

16 14~15번 문제를 e~N(0, 1)인 경우의 결과와 비교하시오.

제 11 장

apply 계열 함수

1. apply() 함수
2. lapply() 함수
3. sapply() 함수
4. tapply() 함수
5. mapply() 함수
6. 계산시간 비교

행렬, 배열, 데이터프레임, 리스트 등의 각 요소에 대해 함수를 적용하는 데 사용되는 apply() 계열 함수는 데이터를 분석하고 처리하는 매우 강력하고 유용한 도구다. 이 장에서는 그중에서도 많이 사용되고 있는 apply(), lapply(), sapply(), tapply(), mapply() 함수와 그 사용법에 대해 살펴본다.

1 apply() 함수

apply() 함수는 배열이나 행렬의 행 또는 열에 함수를 적용한다.

apply(X, MARGIN, FUN, …)

- X : 배열 또는 행렬
- MARGIN : 1: 행, 2 : 열, c(1,2)는 행과 열
- FUN : 적용할 함수
- …: FUN에 전달할 인자

apply() 함수에 관한 다음의 예제를 살펴보자.

```
> a <- matrix(1:6, ncol=3)  # 2행 3열
> a
##      [,1] [,2] [,3]
## [1,]    1    3    5
## [2,]    2    4    6

> apply(a,1,sum)  # 행별 합
## [1]  9 12

> apply(a,2,sum)  # 열별 합
## [1]  3  7 11

> apply(a,1,min)
## [1] 1 2

> apply(a,2,max)
## [1] 2 4 6
```

행(1) 혹은 열(2)별로 sum(합), min(최솟값), max(최댓값) 함수를 적용한 결과는 크기가 2 혹은 3인 벡터이다. apply(a, 1, sum)은 주변 값이 1이므로 sum 함수를 행렬의 각 행에 수행한다. 그러므로 결과는 행의 개수인 2와 같은 크기의 벡터로 반환된다. 이런 모양으로 결과가 반환되는 이유는 sum, min, max 함수들은 길이가 1인 벡터, 즉 실수를 반환하는 함수이기 때문이다.

다음은 앞의 결과와 다른 형태를 가진다. 그 이유는 range() 함수는 길이가 2인 벡터(최솟값과 최댓값)를 반환하는 함수이고, quantile() 함수는 길이가 5인 벡터(0분위수, 25분위수, 50분위수, 75분위수, 100분위수)를 반환하는 함수이기 때문이다. 결과는 행렬로 반환되는데, 행렬의 각 열이 함수(FUN)가 적용된 결과이다. 즉, apply(a, 1, range)는 행렬 a의 첫 번째 행에 range 함수를 적용한 결과는 1과 5임을 알 수 있다.

```
> apply(a, 1, range)
##      [,1] [,2]
## [1,]    1    2
## [2,]    5    6

> apply(a, 2, range)
##      [,1] [,2] [,3]
## [1,]    1    3    5
## [2,]    2    4    6

> apply(a, 1, quantile)
##      [,1] [,2]
## 0%      1    2
## 25%     2    3
## 50%     3    4
## 75%     4    5
## 100%    5    6
```

행렬 a의 2행 3열 값이 결측치인 행렬 a1을 만들면 다음과 같다.

```
> a1 <- a
> a1[2,3] <- NA
> a1
##      [,1] [,2] [,3]
```

```
## [1,]    1    3    5
## [2,]    2    4   NA
```

행렬의 구성 요소 중에 결측치가 있는 경우, apply(a1, 1, sum, na.rm=T)처럼 sum 함수에서 사용할 인자 na.rm=T를 지정할 수 있다. apply(a1, 1, sort, decreasing=T)도 sort 함수에 decreasing=T 선택 인자를 사용하였다.

```
> apply(a1, 1, sum)
## [1]  9 NA

> apply(a1, 1, sum, na.rm=T)  # sum(x, na.rm=T)
## [1] 9 6

> apply(a1, 1, sort, decreasing=T)  # 결과가 리스트
## [[1]]
## [1] 5 3 1
##
## [[2]]
## [1] 4 2
```

적용할 함수(FUN)에 연산자도 사용할 수 있는데 이 경우에 따옴표 " "로 연산자를 표시한다. apply(a, 1, "/", 2)에서는 나누기 연산자("/")를 사용하였다. 연산자를 사용할 경우에는 두 번째 피연산자를 적용한 함수 뒤에 기술해야 한다. a의 각 행이 나누기 연산자의 피제수가 되고 2가 제수로 사용되었다. 결과의 첫 번째 열은 a의 첫 번째 행 나누기 2의 결과다.

```
> apply(a, 1, "/", 2)
##      [,1] [,2]
## [1,]  0.5    1
## [2,]  1.5    2
## [3,]  2.5    3

> vec <- 1:3
> apply(a, 1, "*",  vec)
##      [,1] [,2]
```

```
## [1,]    1    2
## [2,]    6    8
## [3,]   15   18
```

apply() 계열 함수에 사용자 정의함수를 적용할 수 있다. 다음에서 사용한 사용자 정의함수는 2의 배수의 개수를 계산하는 함수이다.

```
> apply(a, 1,  function(x) sum(ifelse(x %% 2, 0, 1)))
## [1] 0 3

> apply(a, 2,  function(x) sum(ifelse(x %% 2, 0, 1)))
## [1] 1 1 1
```

apply() 함수 안에서 FUN을 정의하여 사용할 수 있지만, 미리 만들어진 함수를 사용할 수도 있다. 아래의 사용자 정의함수는 특정 값(default=2)보다 큰 원소의 개수를 출력하는 함수이다.

```
> num_over = function(x, threshold=2) {
    sum(x > threshold)
 }
> apply(a, 1, num_over)
## [1] 2 2

> apply(a, 1, num_over, 3)  # num_over의 인자(threshold) 값을 3으로 지정
```

데이터프레임에 apply() 함수를 적용할 수도 있지만 사용할 때 발생할 수 있는 주요 문제점들은 다음과 같다.

1. apply() 함수는 데이터프레임을 행렬로 변환하여 처리한다. 이 과정에서 모든 열이 동일한 데이터 타입으로 강제 변환되어, 원래의 데이터 타입 정보가 손실될 수 있다. 특히, 인자 변수가 포함된 데이터프레임에 apply()를 사용하면, 인자 변수 값이 숫자로 변환되어 의도하지 않은 결과를 초래할 수 있다.
2. 대규모 데이터프레임에 apply()를 사용하면 처리 속도가 느려질 수 있다.

3. apply()의 결과는 항상 벡터, 행렬, 배열 형태로 반환되므로, 데이터프레임 구조를 유지하기 어려울 수 있다.

2 lapply() 함수

lapply() 함수는 리스트 또는 벡터의 각 구성 요소에 함수를 적용하고, 결과를 리스트로 반환한다.

lapply(X, FUN, …)

- X: 리스트, 데이터프레임, 행렬, 벡터
- FUN: 적용할 함수
- …: FUN에 전달할 인자

다음과 같이 x, y, z 세 개의 구성 요소를 갖는 리스트(lst)를 생성하여 lapply()를 살펴보자.

```
> lst <- list(x=1:10, y=c(T, F, T, T, F), z=c(3, 5, 7, 11, 13, 17))
> lst
## $x
##  [1]  1  2  3  4  5  6  7  8  9 10
##
## $y
## [1]  TRUE  FALSE  TRUE  TRUE  FALSE
##
## $z
## [1]  3  5  7  11 13 17
```

리스트의 각 성분에 mean 함수, max 함수, 분위수를 구하는 quantile 함수를 적용하면 다음과 같다. 적용된 결과도 리스트임이 확인된다.

```
> lapply(lst, mean)
## $x
## [1] 5.5
##
## $y
## [1] 0.6
##
## $z
## [1] 9.333333
> lapply(lst, max)
## $x
## [1] 10
##
## $y
## [1] 1
##
## $z
## [1] 17
> lapply(lst, quantile, probs= 1:3/4)  # 제1,4 분위수, 중앙값
## $x
##  25%  50%  75%
## 3.25 5.50 7.75
##
## $y
## 25% 50% 75%
##   0   1   1
##
## $z
##  25%  50%  75%
##  5.5  9.0 12.5
```

lapply() 함수는 문자열(string) 계산에 유용하다. 다음의 예는 리스트의 각 구성 요소의 문자 수를 반환한다.

```
> lst=list(x='this is a book', y='Hello', z='olympic medal')
> lapply(lst, nchar)
## $x
```

```
## [1] 14
##
## $y
## [1] 5
##
## $z
## [1] 13
```

행렬, 데이터프레임, 벡터에도 lapply() 함수가 적용될 수 있는데, 행렬과 벡터에서는 각각 하나의 원소에, 데이터프레임에서는 각 변수에 함수가 적용되지만 집계함수(aggregation function)가 아닌 경우에는 각 원소에 적용된다. 다음의 예를 살펴보자.

```
> x1=matrix(1:4, 2)
> lapply(x1, sum)  # 각각의 원소에 적용. 의미 없음.
## [[1]]
## [1] 1
##
## [[2]]
## [1] 2
##
## [[3]]
## [1] 3
##
## [[4]]
## [1] 4
> lapply(x1, sqrt)  # 각각의 원소에 적용
## [[1]]
## [1] 1
##
## [[2]]
## [1] 1.414214
##
## [[3]]
## [1] 1.732051
##
## [[4]]
## [1] 2
```

```
> x2=data.frame(b1=1:3, b2=6:8)
> lapply(x2, sum)  # 각 변수에 적용
## $b1
## [1] 6
##
## $b2
## [1] 21

> lapply(x2, sqrt)  # 각각의 원소에 적용
## $b1
## [1] 1.000000 1.414214 1.732051
##
## $b2
## [1] 2.449490 2.645751 2.828427

> x3=c(1,2,3)    # 벡터
> lapply(x3, sum)  # 각각의 원소에 적용
## [[1]]
## [1] 1
##
## [[2]]
## [1] 2
##
## [[3]]
## [1] 3

> lapply(x3,sqrt)  # 각각의 원소에 적용
## [[1]]
## [1] 1
##
## [[2]]
## [1] 1.414214
##
## [[3]]
## [1] 1.732051
```

lapply() 함수를 벡터나 행렬에 사용하는 것은 apply() 함수의 장점을 잘 활용하지 못하는 것임을 알 수 있다. 이 함수는 리스트에 주로 사용한다.

3 sapply() 함수

sapply() 함수는 리스트 또는 벡터의 각 요소에 대해 함수를 적용하고, 결과를 단순화하여 벡터, 배열 또는 행렬로 반환한다.

sapply(X, FUN, …, simplify, USE.NAMES)

- X: 리스트 또는 벡터
- FUN: 적용할 함수
- …: FUN에 전달할 인자
- simplify = TRUE: 벡터나 행렬 반환
  FALSE: 리스트 반환
- USE.NAMES: TRUE이고 X가 문자이면 X를 이름으로 사용

lapply()는 리스트를 반환하므로 벡터 혹은 행렬로 출력을 원하면 한번 더 작업을 거쳐야 한다. sapply() 함수는 lapply()처럼 작동하지만, 가능한 가장 기본적인 데이터 구조(행렬 혹은 벡터)로 출력을 단순화할 수 있다. 실제로, sapply()는 lapply()의 래퍼(wrapper) 함수다.

다음의 예를 통해 sapply()를 살펴보자.

```
> lst <- list(x=1:10, y=c(T, F, T, T, F), z=c(3, 5, 7, 11, 13, 17))
> lapply(lst, mean)  # 결과가 리스트
## $x
## [1] 5.5
##
## $y
## [1] 0.6
##
## $z
## [1] 9.333333

> sapply(lst, mean)  # 결과가 벡터
##        x        y        z
## 5.500000 0.600000 9.333333
```

```
> sapply(lst, max, simplify=F)  # 결과를 리스트로(단순화하지 않음)
## $x
## [1] 10
##
## $y
## [1] 1
##
## $z
## [1] 17

> sapply(lst, quantile, probs=1:3/4)  # 결과가 행렬
##         x  y    z
## 25% 3.25  0  5.5
## 50% 5.50  1  9.0
## 75% 7.75  1 12.5
```

sapply() 함수로 mean() 함수를 적합시킨 결과 벡터로 반환되었다. 그러나 simplify=FALSE를 지정한 결과는 벡터가 아닌 리스트로 반환되었다. quantile 함수를 쓴 결과도 리스트가 아닌 행렬로 반환되었다. 이처럼 sapply() 함수는 lapply() 함수와 사용방법은 거의 동일하지만 각 원소에 의해 반환되는 결과의 길이가 1이면 벡터로, 2 이상이면 배열로 반환될 수 있다. 다음 예는 USE.NAMES 사용에 관한 것이다. 입력 벡터(X)가 문자이고 USE.NAMES=TRUE이면 X값을 출력되는 벡터 원소의 이름으로 사용한다.

```
> x=c('apple', 'banana')
> sapply(x, nchar, USE.NAMES=TRUE)
##  apple banana
##      5      6

> sapply(x, nchar, USE.NAMES=FALSE)
## [1] 5 6
```

4 tapply() 함수

tapply() 함수는 그룹별 처리를 위한 함수인데, 벡터의 요인(factor)의 수준(level)별로 그룹화하여 함수를 적용한다.

tapply(X, INDEX, FUN, …, simplify)

- X: 벡터
- INDEX: X에 대응되는 요인 또는 요인 목록
- FUN: 적용할 함수
- …: FUN에 전달할 인자
- simplify = TRUE: 벡터 혹은 행렬과 같은 단순한 형태 반환
  FALSE: 리스트 반환

다음의 예를 살펴보자.

```
> df <- data.frame (x=c(2, 2, 4, 4, 3, 3, 4, 4) , y=factor(rep(c("A", "B"), each=4)) )
print(df)
##   x y
## 1 2 A
## 2 2 A
## 3 4 A
## 4 4 A
## 5 3 B
## 6 3 B
## 7 4 B
## 8 4 B

> tapply(df$x, df$y, sum)  # 벡터 x에 대응되는 요인 y별 합
##  A  B
## 12 14

> tapply(df$x, df$y, table)  # 벡터 x에 대응되는 요인 y별 빈도표
## $A
##
## 2 4
```

```
## 2 2
##
## $B
##
## 3 4
## 2 2
```

warpbreaks 데이터는 직조기의 인장강도를 측정한 자료이다. 데이터는 54개의 관측치와 세 개의 변수(breaks, wool, tension)로 구성되어 있다. breaks는 끊어진 실의 개수를 나타내고, wool은 종류 "A"와 "B"를 나타내는 범주형변수, 그리고 tension은 인장강도를 "L", "M", "H", 즉 약, 중, 강으로 표시한 범주형변수다.

```
> head(warpbreaks)
##   breaks wool tension
## 1     26    A       L
## 2     30    A       L
## 3     54    A       L
## 4     25    A       L
## 5     70    A       L
## 6     52    A       L

> dim(warpbreaks)
## [1] 54 3

> levels(warpbreaks$wool)
## [1] "A" "B"

> levels(warpbreaks$tension)
## [1] "L" "M" "H"
```

tension별로 끊어진 실의 최대 개수를 다음과 같이 구할 수 있다. 적용할 범주에 tension 변수를 사용하였고 적용할 함수는 max 함수를 사용하였다.

```
> tapply(warpbreaks$breaks, warpbreaks$tension, max)
##  L  M  H
## 70 42 43
```

wool과 tension별로 끊어진 실의 개수 합을 집계하면 다음과 같다.

```
> tapply(warpbreaks$breaks, warpbreaks[,-1], sum)
##      tension
## wool   L   M   H
##    A 401 216 221
##    B 254 259 169
```

iris 데이터에서 Species별로 Sepal.Length의 평균을 다음과 같이 구할 수 있다.

```
> tapply(iris$Sepal.Length, iris$Species, mean)
##     setosa versicolor  virginica
##      5.006      5.936      6.588
```

5 mapply() 함수

여러 벡터 또는 리스트의 요소들에 대해 병렬로 함수를 적용하려면 mapply() 함수를 사용하면 된다.

mapply(FUN, …, MoreArgs, SIMPLIFY, USE.NAMES)

- FUN: 적용할 함수
- …: FUN에 전달할 인자, 벡터 또는 리스트
- MoreArgs : 적용하는 함수에서 사용하는 인자들의 리스트
- SIMPLIFY : 단순한 형태로 반환
- USE.NAMES: 이름 사용

mapply() 함수는 다변량(multivariate) 적용을 의미한다. 이 함수의 목적은 일반적으로 벡터를 인수로 받아들이지 않는 함수에 벡터화된 인수를 전달할 수 있도록 하는 것이다.

예제를 통해 mapply() 함수에 대해 더 알아보도록 하자.

```
> letters[1:10]  # 영어 소문자
##  [1] "a" "b" "c" "d" "e" "f" "g" "h" "i" "j"

> rep(letters[1:3], 1:3)  # 벡터
## [1] "a" "b" "b" "c" "c" "c"

> list(a=rep(letters[1], 1), b=rep(letters[2], 2), c=rep(letters[3], 3))
## $a
## [1] "a"
##
## $b
## [1] "b" "b"
##
## $c
## [1] "c" "c" "c"
```

위와 같은 결과를 mapply() 함수로 구현하면 다음과 같다.

```
> mapply(rep, letters[1:3], 1:3)  # 벡터의 각 원소에 함수 rep() 적용
## $a
## [1] "a"
##
## $b
## [1] "b" "b"
##
## $c
## [1] "c" "c" "c"

> mapply(rep, letters[1:3], 1:3, USE.NAMES=F)  # 출력되는 리스트의 원소 # 이름 없음
## [[1]]
## [1] "a"
##
## [[2]]
## [1] "b" "b"
##
## [[3]]
## [1] "c" "c" "c"
```

다음은 두 벡터의 요소끼리 거듭제곱, 4개 벡터의 요소끼리 합을 mapply()로 구하는 예이다.

```
> mapply(function(x, y){x^y}, c(2, 3), c(3, 4))  # 두 벡터의 요소끼리 거듭제곱
## [1]  8 81

> lst <- list(a=c(1:4), b=c(11:14), c=c(21:24), d=c(31:34))
> mapply(sum, lst$a, lst$b, lst$c, lst$d)  # 4개 벡터의 요소끼리 합
## [1] 64 68 72 76
```

다음 예는 mapply() 함수를 이해할 수 있는 좋은 예시다. 이 결과는, seq_len(1)+4, seq_len(2)+5, seq_len(3)+6을 원소로 갖는 리스트를 출력한다. 참고로 seq_len(3)+6= c(1, 2, 3)+6=c(7, 8, 9)이다.

```
> seq_len(4)  # 1:4
## [1] 1 2 3 4

> mapply(function(x, y) seq_len(x) + y,
         c(1, 2, 3),
         c(4, 5, 6))
## [[1]]
## [1] 5
##
## [[2]]
## [1] 6 7
##
## [[3]]
## [1] 7 8 9
```

다음은 표준정규분포에서 크기가 n인 표본의 평균을 구하는 사용자 정의함수 my.mean() 함수를 적용하여 크기가 10, 100인 표본의 평균을 구하는 예시이다. 그다음으로는 MoreArgs 인자를 사용하여 10% - 절사평균(trimmed mean)을 구하였다.

```
> my.mean <- function (n, …){
+   set.seed(1)
+   mean(rnorm(n), ...)
+ }

> mapply(my.mean, c(mean10=10, mean100=100))  # 결과는 벡터
```

```
##     mean10   mean100
## 0.1322028 0.1088874

> mapply(my.mean, c(mean10=10, mean100=100), MoreArgs=list(trim=0.1))
##      mean10    mean100
## 0.07029695 0.11799595
```

mapply() 함수는 연산자를 적용하여 계산할 수도 있다. 왜냐하면 곱셈과 같은 이항 연산자도 함수로 정의되어 있기 때문이다. 다음 예에서 "1*6", "2*7", "v"는 연산에 사용되는 것이 아니고 결과에서 이름으로 사용되어 출력된다.

```
> mapply("*", c("1*6"=1, "2*7"=2, "v"=3), 6:8)
## 1*6 2*7   v
##   6  14  24
```

mapply() 함수를 적용하는 또 하나의 예를 다루어 보자. 100개 상자에 숫자가 적힌 쪽지가 많이 담겨있다. 각 상자 안에 있는 숫자의 분포는 평균이 (11:110)/100, 표준편차가 sample(1:100, 100, T)/100인 정규분포를 따른다고 한다. 모든 상자에서 평균의 100배 크기(11:110)의 표본을 추출하여 평균을 구해 보자.

```
> set.seed(1)  # 결과 재현을 위해 시드 설정
> # 주어진 함수 정의
> sample_mean <- function(n, mu, sigma) {
+   x <- rnorm(n, mu, sigma)
+   return(mean(x))
+ }
>
> # n, mu, sigma 설정
> n <- 11:110
> mu <- n / 100
> sigma <- sample(1:100, 100, T)/100
> # mapply를 사용하여 각 (n, mu, sigma)에 대해 함수 실행
> results <- mapply(sample_mean, n, mu, sigma)
> results
##   [1]  0.13707788  0.12460076 …1.10026583  1.10401626
```

6 계산시간 비교

반복문, 벡터화 연산, 적절한 내장함수를 사용한 $n \times n$ 격자 내에서 모든 점 사이의 거리 평균을 구하는 계산시간을 비교해 보자.

```
# n×n 격자 내에서 가능한 모든 점 사이의 평균 거리 구하기
> f1 <- function(n) {
+   d <- NULL  # d는 이름만 정의
+     for (x1 in 1:n) {
+         for (y1 in 1:n) {
+             for (x2 in 1:n) {
+                 for (y2 in 1:n) {  # d에 계속 추가
+                     d <- c(d, sqrt((x1 - x2)^2 + (y1 - y2)^2))
+                 }
+             }
+         }
+     }
+     return(mean(d))
+   }

> f2 <- function(n) {
+     d <- rep(0, n^4)  # d의 크기를 미리 지정. 단지 이 차이
+     k <- 0
+     for (x1 in 1:n) {
+         for (y1 in 1:n) {
+             for (x2 in 1:n) {
+                 for (y2 in 1:n) {  # 만들어진 d에 값 할당
+                     d[k <- k + 1] <- sqrt((x1 - x2)^2 + (y1 - y2)^2)
+                 }
+             }
+         }
+     }
+     return(mean(d))
+   }

# 벡터화 계산
> f3 <- function(n){
+     combi <- expand.grid(1:n,1:n,1:n,1:n)  # 모든 수의 조합
```

```
+     d <- sqrt((combi[,1]-combi[,3])^2+(combi[,2]-combi[,4])^2)  # 벡터화 연산
+     return(mean(d))
}  }

# outer() 이용
> f4=function(n){
+     val<-outer(1:n,1:n,"-")^2
+     val2<-outer(1:n,1:n,"-")^2
+     d<-sqrt(outer(val,val2,"+"))
+     return(mean(d))
+ }

> system.time(f1(20))
##  사용자  시스템 elapsed
##   24.29   11.86   36.26

> system.time(f2(20))
##  사용자  시스템 elapsed
##    0.03    0.00    0.03

> system.time(f3(20))
##  사용자  시스템 elapsed
##       0       0       0

> system.time(f4(20))
##  사용자  시스템 elapsed
##       0       0       0

> system.time(f2(50))
##  사용자  시스템 elapsed
##    0.64    0.01    0.66

> system.time(f3(50))
##  사용자  시스템 elapsed
##    0.36    0.06    0.42

> system.time(f4(50))
##  사용자  시스템 elapsed
##    0.07    0.04    0.09
```

이상의 결과에서 벡터화 연산과 내장함수를 적절하게 사용하면 계산시간을 많이 절약할 수 있다는 것을 알 수 있다.

연습문제

1 b <- matrix(1:12, nrow=3, ncol=4)의 각 행의 합을 apply()를 사용하여 구하시오.

2 data <- list(x=1:5, y=6:10, z=11:15)일 때 다음의 결과를 쓰시오.

1) lapply(data, FUN=median);

2) sapply(data, FUN=median).

3 x <- 1:5 ; b <- 6:10 ; mapply(sum, x, b)의 결과를 쓰시오.

4 z <- c("happy", "beautiful") ; lapply(z,nchar) ; sapply(z,nchar)의 결과를 쓰시오.

5 x <- list(a=1:10, b=exp(-3:3), c=c(TRUE, FALSE, FALSE, TRUE)) ; lapply(x, mean) ; lapply(x, quantile) ; sapply(x, quantile)의 결과를 쓰시오.

6 input <- list(letters[1:5], letters[3:12], letters[c(2,5,4,7,15,4)]) ; findD <- function(x) {which(x=="d")} ; lapply(input, findD) ;의 결과를 쓰시오.

7 mapply(sum, 1:5, 1:5, 1:5)의 결과를 쓰시오.

8 lapply(4:5, runif)의 결과를 쓰시오.

다음에 대해 9~12번 함수의 결과를 쓰시오.

```
> list_a <- list(1:10, runif(5), sample(0:1, 10, replace=T))
> list_b <- list(11:20, runif(5), rep(c(0,1),5))
> gp function(v) { min=min(v) ; max=max(v) ; return(max - min)}
```

9 lapply(list_a, mean)

10 sapply(list_a, mean)

11 sapply(list_a, gp)

12 mapply(c, list_a, list_b) *# c는 벡터 생성함수*

참고문헌

N. Matloff (2011), *The Art of R Programming*, No Starch Press.

G. Garrett(2015), *Hands-On Programming with R: Write Your Own Functions and Simulations*, O'Reilly.

P. Teetor(2012), *R Cookbook: Proven Recipes for Data Analysis, Statistics, and Graphics*, O'Reilly.

R. Kabacoff(2015), *R in Action: Data Analysis and Graphics with R*, Manning.

N. Zumel & J. Mount(2014), *Practical data science with R*, Mannning.

H. Wickham(2015), *Advanced R*. CRC Press.

찾아보기

저자 소개

석경하
경북대학교 수학교육과 졸업
서울대학교 대학원 통계학과 석사
서울대학교 대학원 통계학과 박사
현) 인제대학교 통계학과 교수

데이터 과학을 위한 R 프로그래밍
-기초 및 응용-

저　　자　석경하
발 행 인　김지영
발 행 처　자유아카데미
주　　소　경기도 파주시 회동길 37-42
　　　　　파주출판도시
전　　화　031-955-1321
팩　　스　031-955-1322
홈페이지　www.freeaca.com
전자우편　main@freeaca.com (대표)
　　　　　editor@freeaca.com (편집)
　　　　　crm@freeaca.com (영업)
등　　록　제406-2003-017호, 1980. 7. 12
제1판1쇄　2024년 8월 30일 발행

저자와의 협의하에 인지생략

ISBN 979-11-5808-629-9　93310